Thomas Mayer
Roman Huber

Wie Banken Geld aus Nichts erzeugen

und wie Vollgeld das ändert

T0119214

Thomas Mayer
Roman Huber

Wie Banken Geld aus Nichts erzeugen

und wie Vollgeld das ändert

Tectum Verlag

Thomas Mayer
Roman Huber
Wie Banken Geld aus Nichts erzeugen und wie Vollgeld das ändert
© Tectum – ein Verlag in der Nomos Verlagsgesellschaft,
Baden-Baden, 2018

ISBN: 978-3-8288-4070-6
eISBN: 978-3-8288-7001-7
ePub: 978-3-8288-7002-4

Umschlagabbildung: © vdl-2018 | i-stockphoto

Printed in Germany
Alle Rechte vorbehalten

Besuchen Sie uns im Internet www.tectum-verlag.de

Bibliografische Informationen der Deutschen Nationalbibliothek
Die Deutsche Nationalbibliothek verzeichnet diese Publikation in der
Deutschen Nationalbibliografie; detaillierte bibliografische Angaben sind
im Internet über http://dnb.ddb.de abrufbar.

Inhaltsverzeichnis

Kein zähes Vorwort –
Lieber sofort rein ins Vollgeld

Wer stellt eigentlich unser Geld her? Eine überflüssige Frage, denken Sie … Das Geld stellt doch eh die Zentralbank her … was soll das Ganze? … Buch zuklappen … Warten Sie, nur noch ein paar Worte …

Wie Sie denken die meisten Menschen – übrigens auch Politiker, Finanzjournalisten, Studenten der Wirtschaftswissenschaften, deren Professoren und Banker. Sie alle sehen das Monopol der Geldherstellung sicher in den Händen der Zentralbank.

Doch den meisten Menschen ist nicht bekannt, dass

- rund 90 Prozent des von uns verwendeten Geldes, nämlich all das Geld, das auf unseren Girokonten liegt (Giralgeld oder Buchgeld genannt), nicht von den demokratisch legitimierten Zentralbanken, sondern durch private, gewinnorientierte Geschäftsbanken erzeugt und in Umlauf gebracht wird.
- dieses Privileg der Banken, elektronisches Geld zu erzeugen, gesetzlich nicht geregelt ist.
- mit einer Änderung dieser Praxis der Geldherstellung die Staatsverschuldung innerhalb einiger Jahrzehnte weitgehend getilgt werden könnte.
- mit einer Abschaffung der Geldproduktion durch private Banken ein Geld- und Bankensystem geschaffen werden könnte, das bei Bankenpleiten und Finanz-Crashs nicht ins Wanken kommt.

Unser Buch ist ein, ja, leidenschaftliches Plädoyer für Vollgeld. Denn Vollgeld schafft ein verblüffend einfaches sowie sicheres Geld- und Bankensystem, das viele Probleme des bestehenden, sehr ungerechten Geldsystems löst.

Was ist Vollgeld?

Nun, Vollgeld bedeutet, dass unser Geld ausschließlich von der Zentralbank erzeugt wird – von niemand anderem.

Bis wir Autoren uns mit dem Thema Vollgeld beschäftigten, glaubten auch wir, dass Geld einzig von den Zentralbanken ausgegeben wird. Irrtum … denn heute sind lediglich Münzen und Banknoten Vollgeld. Als gesetzliche Zahlungsmittel machen sie aber nur etwa 10 Prozent der umlaufenden Geldmenge aus. Zirka 90 Prozent sind jedoch elektronisches Geld, das die Banken ganz einfach per Knopfdruck erschaffen und damit ihre Geschäfte u.a. Kredite, Immobilien, Aktienkäufe finanzieren.

Konkret heißt das, wenn wir einen Kredit von einer Bank erhalten, **schöpft diese das Geld dafür aus dem puren** Nichts. Wir hingegen müssen hart arbeiten, um der Bank das Geld plus Zinseszins zurück zu bezahlen. Sonst pfändet sie unser Haus, obwohl sie vorher das Geld des Kredites aus dem Nirgendwo erschaffen hatte! Eine fiese Ungerechtigkeit? Ja, das kann man so sehen.

Bankkunden glauben, die Guthaben auf ihren Konten seien echtes Geld. Ein Trugschluss! Ein Konto ist lediglich eine Forderung des Kunden, oder anders ausgedrückt, ein Versprechen der Bank auf echtes Geld. Ein

Kontoguthaben ist aber keineswegs ein gesetzliches Zahlungsmittel.

Den Banken untereinander ist ihr eigenes Buchgeld zu unsicher, deshalb handeln sie miteinander nur elektronisches Vollgeld der Zentralbank. Daran sieht man, welchem Geld sie selbst vertrauen. Wir Kunden sollen uns aber mit Zahlungsversprechen der Banken zufriedengeben und bekommen auf unsere Konten ungedecktes Geld, kein Vollgeld!

Das ist der Grund, warum wir uns für Vollgeld einsetzen. **Wir wollen erreichen, dass elektronisches Geld auf unseren Konten zu Vollgeld wird!** Während elektronisches Geld, das von einer Bank erzeugt wurde, sich in Luft auflösen kann, wenn die Bank in Konkurs geht, ist Vollgeld von der Zentralbank und somit von der ganzen Volkswirtschaft gedeckt und damit krisensicher.

Dabei ist Vollgeld keine Revolution oder fundamentale Alternative zum bestehenden System, sondern ein naheliegender, nächster Schritt. Schließlich haben wir bereits über Jahrtausende hinweg mit den Geldmünzen ein erprobtes Vollgeldsystem. Vor über hundert Jahren wurde den Banken verboten, Papiergeld selbst zu drucken. Seitdem dürfen nur noch Zentralbanken GeldSCHEINE herstellen. Doch mit der Digitalisierung des Geldes verlieren Geldscheine zunehmend an Bedeutung, inzwischen wird sogar schon über die völlige Abschaffung des Bargeldes diskutiert. Deshalb muss dringend das Herstellungsmonopol der Zentralbanken auf elektronisches Geld ausgeweitet werden. Dann können Banken kein eigenes Geld mehr erschaffen, sondern nur noch Geld verleihen, das sie von Sparern, Investoren oder der Zentralbank zur Verfügung gestellt bekommen haben.

Vollgeld heißt, dass die Gelderzeugung durch die Zentralbank wieder in den Händen des demokratischen Staates und somit der Bürgerinnen und Bürger liegt, und nicht einer kleinen Kaste von Finanzinstituten überlassen wird. **Geld ist ein schützenswertes Gut, denn es ist die Grundlage des Wirtschaftens und damit Lebensgrundlage der Menschen.**

In der Schweiz wurde die Vollgeld-Initiative mit über 110.000 gültigen Unterschriften eingereicht, so dass die Bürgerinnen und Bürger über die demokratische Kontrolle ihres Geldwesens abstimmen können (*www.vollgeld-initiative.ch*). Auch in Deutschland gibt es Initiativen für Vollgeld (*www.monetative.de*), ebenso in vielen anderen Staaten (*www.internationalmoneyreform.org*).

Dieses Buch will Ihnen kompakt Vollgeld darstellen. Wer mehr wissen will, findet auf den genannten Webseiten sowie in unserem Online-Ergänzungsbuch: *www.vollgeld.info* weitere, tiefer gehende Informationen.

Wenden wir uns nun also der zentralen Frage des Buches zu: Sollen private, profitorientierte Unternehmen wie Banken tatsächlich unser Geld herstellen oder demokratisch legitimierte Institutionen? Wer macht`s besser?

Viel Spaß beim Lesen und Grübeln über volle Bankkonten.

Thomas Mayer und Roman Huber
im Januar 2018

So war es früher:

Die Zentralbank erzeugte Banknoten und Münzen im Gesamtinteresse des Landes. Die Gewinne kamen den Bürgerinnen und Bürgern zugute.

So ist es heute:

Zu den Münzen und Banknoten kam das elektronische Geld hinzu und macht heute 90 Prozent unseres Geldes aus. Dieses sogenannte Giralgeld erzeugen aber die Geschäftsbanken eigenständig und im Eigeninteresse und streichen den Gewinn großteils ein.

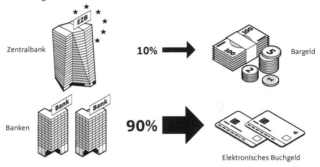

Das will die Vollgeld-Initiative:

Die Zentralbank soll auch das elektronische Geld erzeugen. Dies geschieht dann wieder im Gesamtinteresse des Landes.

Wie Banken Geld aus Nichts erzeugen – Probleme unseres heutigen Geldsystems

Stellen Sie sich vor, Sie schenken einer Bank Ihr Geld, damit die Bank es Ihnen dann ausleiht und Sie dafür Zinsen bezahlen. Das gibt's nur in Absurdistan? Keineswegs, genau so funktioniert unser derzeitiges Geldsystem!

Und wir sind selbst schuld daran, denn wir haben den Banken – ohne es zu bemerken – die Herstellung von elektronischem Geld überlassen. Richtig, private Firmen stellen den größten Teil unseres Geldes her! Nicht die Zentralbanken. Es kommt noch besser: Der Staat zahlt ihnen sogar Zinsen, damit Geld über Kredite in Umlauf kommt. Anstatt selbst das notwendige Geld zu erzeugen und auszugeben, müssen sich unsere Staaten bei Banken verschulden.

Eine kleine Finanzelite profitiert von dieser Art der Gelderzeugung. Still und leise arbeitet sie mit ihrem von der Gesellschaft gestohlenem Monopol, offiziell gibt es dieses gar nicht und sie ist schlau genug, es nicht publik zu machen. Kein Parlament und keine Regierung hat sich je über das Monopol der Erzeugung von Giralgeld durch private Banken Gedanken gemacht – geschweige denn es beschlossen. Die Quittung haben wir Bürgerinnen und Bürger in den letzten Finanzkrisen hart zu spüren bekommen: Bündelweise und unkontrolliert stopften die

Banken selbstgeschaffenes Giralgeld in die Märkte, gaben ungesicherte Kredite für Häuser, für Spekulationen, blähten die Geldmenge immer weiter auf – bis es zum Crash kam …

Wie konnte es dazu kommen?

Die Giralgeldschöpfung der Banken – ein profitabler Selbstbedienungsladen

Der Ökonom Richard Werner, der an der Universität Southampton Internationales Bankgeschäft lehrt, ließ 2012 in Frankfurt eine Umfrage unter tausend Bürgern durchführen. Die Frage lautete: „Wer erzeugt und verteilt das Geld?" 84 Prozent der Befragten gaben an, dass entweder die Zentralbank oder die Regierung das Geld in Umlauf bringe. Auf die Frage „Würden Sie einem System zustimmen, in dem die Mehrheit der Geldmenge durch meist private, auch profitorientierte Unternehmen produziert und verteilt wird und nicht durch staatliche Organe?", antworteten 90 Prozent mit: „Nein, das wollen wir nicht." Leider funktioniert unser heutiges Geldsystem aber genauso. [1]

Umfrage zur Geldschöpfung

„Wer erzeugt und verteilt das Geld?"

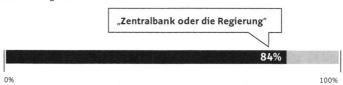

„**Zentralbank oder die Regierung**"

84%

0%   100%

„Würden Sie einem System zustimmen, in dem die Mehrheit der Geldmenge durch meist private, auch profitorientierte Unternehmen produziert und verteilt wird und nicht durch staatliche Organe?"

„**Nein, das wollen wir nicht.**"

90%

0%   100%

Quelle: Umfrage von Prof. Richard Werner, International Banking Universität Southampton, 2012

Fakt ist, die Zentralbanken erzeugen den geringsten Teil unseres Geldes, nämlich nur das Bargeld – Geldscheine und Münzen. Den Festtagsbraten, das Giralgeld, teilen die Banken unter sich auf – alle Banken außer den Zentralbanken, also alle Geschäftsbanken, Genossenschaftsbanken, Sparkassen etc. Alleine in Deutschland gibt es über 2.000 Banken mit 38.000 Zweigstellen.

Im Euro-Raum waren von 2008 bis 2015 im Durchschnitt 5.174 Milliarden Euro im Umlauf, die von den Statistikern auch „Geldmenge M1" genannt wird. Sie bestand aus 932 Milliarden Euro Bargeld der Europäischen Zentralbank (EZB) und 4.243 Milliarden Euro Giralgeld der privaten Banken. Diese Finanzinstitute stellten also 82 Prozent aller Euros her.

In der Schweiz waren von 2003 bis 2015 im Durchschnitt 392 Milliarden Franken im Umlauf. Von der Schweizerischen Nationalbank (SNB) kamen 47 Milliarden Franken Bargeld, die Banken erzeugten 345 Milliarden Franken an Giralgeld, also 88 Prozent aller Franken.

Die Banken produzieren fast unser ganzes Geld!

Und das auch noch für lau: **Die elektronische Gelderzeugung auf Girokonten ist für die Banken so gut wie umsonst.** Sie müssen sich nur zu einem geringen Teil bei der Zentralbank „refinanzieren", sozusagen Rückendeckung holen. Diese Deckung wird „Mindestreserve" genannt und beträgt im Euroraum lediglich ein Prozent des erzeugten Geldbetrages, in der Schweiz 2,5 Prozent. Diese Guthaben bleiben bei der Zentralbank stehen und kommen nicht in Umlauf. Nur hinter einem winzig kleinen Teil des Buchgeldes der Banken steht also echtes Zentralbankgeld als Sicherheit.

**Euroraum Geldmenge M1,
Durchschnitt von 2008 bis 2015**

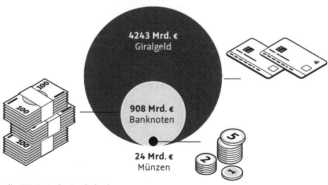

Quelle: EZB, Deutsche Bundesbank

Was ist die Geldmenge M1?
Sie besteht aus allen umlaufenden Münzen und Geldscheinen sowie allen Guthaben auf Giro- und Tagesgeldkonten Spargelder, über die man nicht täglich verfügen kann, sind nicht in der Geldmenge M1 enthalten, sondern je nach Kündigungsfrist in der Geldmenge M2 und M3

Verleiht die Zentralbank denn gar kein Geld?

Man liest doch immer in der Presse, dass die „Zentralbanken den Banken Geld leihen", den „Leitzins festlegen" oder gar „die Märkte mit Geld fluten"? Also muss es doch auch Buchgeld der Zentralbank geben …

Das gibt es, es kommt nur leider nicht in Umlauf. Kein Mensch oder Unternehmen bekommt Zentralbank-Buchgeld zu sehen. Nur die Banken haben ein Konto bei der Zentralbank, ihre Kontonummer ist die Bankleitzahl. Die Chefbuchhalter der Banken arbeiten zwar mit Zentralbank-Buchgeld, doch zum Shoppen können sie es auch nicht benützen. Man kann damit nämlich nicht das machen, was Menschen normalerweise mit Geld tun. Es dient nur dem internen Zahlungsverkehr zwischen den Banken und regulatorischen Zwecken.

Es bestehen also zwei voneinander getrennte Geldkreisläufe – einer aus Zentralbank-Buchgeld und einer aus Banken-Buchgeld. Sie bilden die Grundstruktur unseres Geldsystems.

Giralgeld der Banken ist kein gesetzliches Zahlungsmittel

Das Recht auf Geldschöpfung war immer das Königsrecht. In der Demokratie sind wir Bürgerinnen und Bürger nun der Souverän. Aber wir sind unaufmerksame Könige, wir haben das Geldschöpfungsrecht weitgehend den privaten Banken überlassen. Zwar werden die Münzen nach wie vor von den Staaten geprägt und das Papiergeld von Zentralbanken gedruckt. Doch die Digitalisierung der Geldherstellung haben wir Königinnen und Könige verschlafen.

Bis 1960 fand bargeldloser Zahlungsverkehr fast ausschließlich zwischen Banken und großen Unternehmen statt. Papier- und Münzgeld herrschte vor, Löhne wurden bar in Lohntüten verteilt. Erst in den 60-er Jahren kam das Girokonto für alle auf. Heute ist Bargeld nur noch für Kleineinkäufe beliebt, das Meiste läuft per Überweisungen oder Kreditkarten. Laut Zahlungsverkehrsstatistik der Deutschen Bundesbank betrug 2008 der Wert der bargeldlosen Zahlungen 73.788 Milliarden Euro. Demgegenüber stehen Barzahlungen im Wert von nur ca. 700 Milliarden Euro – das entspricht weniger als ein Prozent aller Zahlungen. [2]

Ein gravierendes, rechtliches Problem tut sich dabei auf: Nur Münzen und Papiergeld sind gesetzliche Zahlungsmittel mit Annahmezwang! Das Giralgeld ist kein gesetzliches Zahlungsmittel, es ist nur ein Anspruch an die Bank auf Verlangen gesetzliche Zahlungsmittel auszuzahlen. Kann bei einem Konkurs der Bank dieser Anspruch nicht mehr erfüllt werden, geht der Kunde mit leeren Taschen nach Hause. Denn Giralgeld ist privates Geld mit dem gleichen, minderen Rechtsstatus wie Gutscheine oder Rabattmarken.

Niemand ist per Gesetz verpflichtet, Überweisungen anzunehmen, und könnte Barzahlung verlangen. Doch das interessiert inzwischen selbst den Staat nicht mehr. So weigern sich Finanzämter gesetzliche Zahlungsmittel anzunehmen. Steuerschulden können in bar meist nicht beglichen werden. Auch Gerichte verlangen in ihren Urteilen Giralgeld-Überweisungen. Damit ist das „gesetzliche Zahlungsmittel" in der Praxis völlig ausgehöhlt.

Es mag sein, dass solche Überlegungen nicht jeden berühren. Das Ganze hat aber eine handfeste Dimension, die jeden betrifft. In einer Studie der Bundesbank heißt es: „Wird Bargeld durch Sichteinlagen (Anm.: Bankguthaben, über die jederzeit, also »auf Sicht« verfügt werden kann) ... verdrängt, fließt der entsprechende Geldschöpfungs-Gewinn den jeweiligen privaten Emittenten (Anm.: Erzeugern = Bank) des Buchgeldes ... zu." [3] Das heißt im Klartext: Der Staat – also wir – verliert den Geldschöpfungsgewinn, schenkt ihn privaten Banken. Als Konsequenz müssen wir höhere Steuern bezahlen oder geringere staatliche Leistungen ertragen.

Im Prinzip müssten auch alle Unternehmen auf die Barrikaden gehen – welcher Bäcker bekommt schon vom Staat sein Mehl geschenkt? Denn nichts anderes passiert hier: Wir Bürgerinnen und Bürger schenken den Banken den Rohstoff Geld für ihren Geschäftsbetrieb!

Wie viel verdienen die Banken an der Geldschöpfung?

Für die Banken ist die Geldherstellung eine stetig sprudelnde Einnahmequelle. In dem Umfang, wie sie selbst Geld erzeugen, können sie Kredite vergeben und dafür Zinsen kassieren, ohne dass ihnen Kosten für das verliehene Geld entstehen. Sie können mit dem selbsterzeugten Geld zwar keine Bananen einkaufen oder ihre Angestellten entlohnen – aber sie dürfen alle Vermögenswerte kaufen, die in ihrer Bilanz erfasst sind wie Kredite an Bankkunden, Wertpapiere aller Art, Immobilien und Edelmetalle.

Die Banken haben damit einen wesentlichen Vorteil gegenüber anderen Finanzunternehmen wie Versicherungen, Investmentfonds oder Pensionsfonds. Diese können nur mit dem Geld ihrer Kunden arbeiten, denen sie Zinsen zahlen müssen. Anders die Banken, die selbst Geld herstellen können.

Diese Wettbewerbsverzerrung kommt einer staatlichen Subvention gleich. Kein anderer Wirtschaftszweig erhält eine derartig große staatliche Unterstützung. Dass Bergbauern, die die Landschaft pflegen, unterstützt werden, kann man nachvollziehen – aber warum brauchen Banken dauerhaft staatliche Förderung?

Kein Wunder also, warum den Finanzinstituten ihr Privileg der Geldherstellung so wichtig ist, und warum sie es partout aus der öffentlichen Diskussion heraushalten wollen. Gleichzeitig wird auch verständlich, wieso eine kleine Gruppe Bankmanager durch Boni-Zahlungen abwegig viel Geld verdienen kann.

Wie viel verdienen die Banken nun an diesem Privileg? Das kann man nur schätzen. Professor Joseph Huber beantwortet die Frage so: Was würde es die Banken kosten, wenn sie das Geld nicht selbst herstellen können, sondern es sich leihen müssten? Er berechnet, dass deutsche Banken im Jahr 2007 rund 23 Milliarden Euro und 2011 etwa 17 Milliarden Euro Kosten durch ihre selbständige Geldproduktion einsparen konnten. [4]

In der 2017 veröffentlichten Studie "Making money from making money – Seigniorage in the modern economy" wurden die Geldschöpfungsgewinne der Banken in vier Staaten untersucht. [5] Die verdeckte staatliche Subvention der Banken ist immens. Schweizer Banken erhielten jährlich 2,8 Milliarden CHF, englische Banken jährlich sogar 23,3 Milliarden Pfund. Doch diese Subvention ist innerhalb des Bankensektor sehr ungleich verteilt, vor allem Grossbanken profitieren an der Geldschöpfung, kaum jedoch kleine Raiffeisen- und Regionalbanken und Sparkassen. Denn kleine Banken müssen den Geldschöpfungsgewinn mit anderen Banken teilen, während große Banken diesen selbst behalten können.

Geldschöpfungsgewinne privater Banken in vier Staaten

Diese Gewinne der Banken entstehen, indem für das selbst hergestellte Geld fast keine Kosten anfallen, während ihnen das Ausleihen dieses Geldes Zinsen einbringt. Nur Banken können selbst Geld erzeugen, alle anderen Unternehmen müssen Geld verzinslich ausleihen. Deshalb sind diese Geldschöpfungsgewinne eine versteckte staatliche Subvention.

Land	Zeitraum	Durchschnittlicher, jährlicher Geld-schöpfungsgewinn privater Banken	in Prozent des BIP	Summe Geld-schöpfungsgewinne privater Banken
Großbritannien	1998–2016	23,3 Milliarden GBP	1,23%	443,0 Milliarden GBP
Dänemark	1991–2015	11,7 Milliarden DDK	0,7%	293,4 Milliarden DDK
Schweiz	2007–2015	2,8 Milliarden CHF	0,6%	34,8 Milliarden CHF
Island	2004–2015	14,1 Milliarden ISK	0,9%	169,7 Milliarden ISK

Quelle: Studie "Making money from making money – Seigniorage in the modern economy", 2017, New Economics Foundation und CBS Copenhagen Business School

In Zeiten des Null- und Negativzinses zerrinnt den Banken dieser Vorteil, denn für sie ist es nun egal, ob sie selbst kostenlos Geld herstellen oder dieses für Null-Prozent Zins bei der Zentralbank leihen. Deshalb profitieren in der Schweiz die Banken seit 2014 nicht mehr durch die Geldschöpfung. Insoweit können solche Niedrigzins-phasen der ideale Zeitpunkt zur Einführung von Vollgeld sein, da es für die Banken finanziell dann keinen Unterschied macht.

Geldschöpfungsgewinne Schweizer Banken, 2007 bis 2016

Diesen finanziellen Vorteil erzielten Schweizer Banken durch die eigenständige Geldschöpfung gegenüber einer Aufnahme von Krediten. Die „Obere Grenze" bezieht sich auf Kredite mit dem schlechteren Rating BBB, die „Untere Grenze" auf solche mit dem Rating AAA. Seit 2014 haben Schweizer Banken wegen der Negativzinsen keine Vorteile mehr aus der Geldschöpfung.

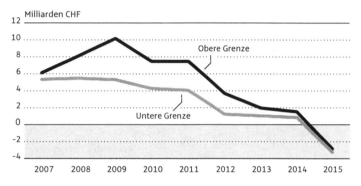

Milliarden CHF

Obere Grenze

Untere Grenze

Quelle: Studie "Making money from making money - Seigniorage in the modern economy", 2017, New Economics Foundation und CBS Copenhagen Business School

Was kostet uns Bürgerinnen und Bürgern die Giralgeldschöpfung der Banken?

Durch den Verzicht auf die Herstellung unseres Geldes verlieren die Staaten Unmengen an Geld. Die Summe lässt sich ziemlich genau beziffern: Der Verlust entspricht den Zinskosten für Staatsanleihen in Höhe der Geldmenge M1. Warum?

Anstatt das Geld selbst herzustellen, erlauben unsere Staaten den Banken, das Geld zu produzieren – um es sich von ihnen gegen Zinsen wieder zu leihen. Genau diese Zinsen könnten die Staaten sparen, wenn sie – wie in der Vollgeld-Reform vorgesehen – das Geld wieder selbst herstellen.

Stattdessen verschwenden die Staaten des Euro-Raums jährlich etwa 170 Milliarden Euro Zinszahlungen![6] Das entspricht der Wirtschaftskraft von ganz Portugal. Allein in Deutschland sind es 43 Milliarden Euro im Jahr – damit könnte man den Welthunger beseitigen. „Nur 30 Milliarden Dollar, das entspricht je nach aktuellem Wechselkurs ca. 28 Milliarden Euro pro Jahr, wären notwendig, um Hunger und Unterernährung auszurotten", sagte Jacques Diouf, Generaldirektor der UNO-Organisation für Ernährung und Landwirtschaft (FAO). [7]

Das sind zwar die Zahlen von 2012, aber da Staatsschulden langfristig laufen, ändern sich die Zinsen durch das gesenkte Zinsniveau nur sehr langsam.

Öffentliche Kosten der Geldherstellung durch Banken

So viel bezahlen die Staaten jedes Jahr dafür, dass sie die Giralgeldherstellung den Banken überlassen:

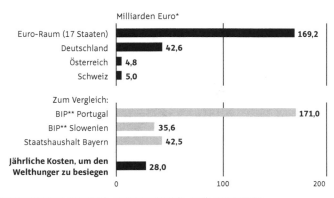

Milliarden Euro*

Euro-Raum (17 Staaten)	169,2
Deutschland	42,6
Österreich	4,8
Schweiz	5,0

Zum Vergleich:

BIP** Portugal	171,0
BIP** Slowenien	35,6
Staatshaushalt Bayern	42,5
Jährliche Kosten, um den Welthunger zu besiegen	28,0

0   100   200

* Stand Berechnungen 2012. ** BIP = Bruttoinlandprodukt. Quelle: EZB Statistiken

Wie erzeugen die Banken eigentlich Giralgeld? Kann ich das auch?

Ja, im Prinzip kann jeder Geld erzeugen. Geldschöpfung geht einfach: Der Geldschöpfer schreibt auf einen Gegenstand eine Zahl, das kann eine Münze, ein Blatt Papier oder im digitalen Zeitalter ein Computerprogramm sein. Schon fertig – Geld ist entstanden! Die konkrete Geldproduktion ist das Einfachste – das größere Problem ist, die anderen dazu zu bewegen, dass sie dieses Geld akzeptieren.

Da wir alle darauf geeicht sind, dass man Geld nur bekommt, wenn man hart arbeitet, können sich viele nicht vorstellen, dass die Geldproduktion wirklich so einfach ist. Früher war das anders, denn damals wurden vornehmlich Münzen verwendet, bei deren Produktion erhebliche Kosten und Mühen anfielen. Es brauchte Minen, Bergleute, Erzgießereien, Prägeanstalten usw. Um die Produktionskosten zu senken, stellten die Fürsten und Könige manchmal Münzen mit möglichst geringem Edelmetallgehalt her. Denn schon immer galt: Je geringer die Kosten, umso höher ist der Geldschöpfungsgewinn. Mit der Erfindung des Papiergeldes verbilligte sich die Geldproduktion immens. Und die Herstellung des heutigen Giralgeldes kostet inzwischen fast gar nichts mehr, wenn man Computer, die entsprechenden Programme und eine Banklizenz hat.

Deshalb lockt die Geldherstellung auch immer wieder Geldfälscher an, sie alle sind auf den Geldschöpfungsgewinn aus. Während Papiergeldfälscher ins Gefängnis kommen, dürfen Banken jedoch ganz legal Giralgeld erzeugen. Eigentlich ein Widerspruch …

Geld aus dem Nichts

Münzen und Geldscheine darf nur die Zentralbank ausgeben.
Aber auch Geschäftsbanken schaffen Geld: durch elektronische Buchungen
auf Girokonten.

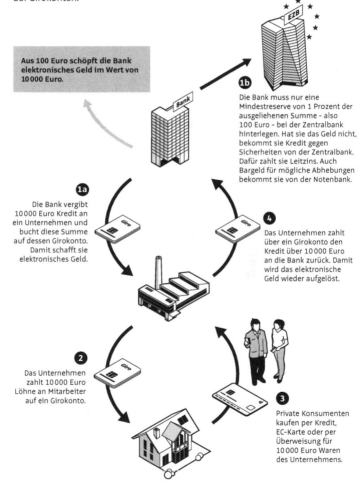

Aus 100 Euro schöpft die Bank
elektronisches Geld im Wert von
10 000 Euro.

1b
Die Bank muss nur eine
Mindestreserve von 1 Prozent der
ausgeliehenen Summe - also
100 Euro - bei der Zentralbank
hinterlegen. Hat sie das Geld nicht,
bekommt sie Kredit gegen
Sicherheiten von der Zentralbank.
Dafür zahlt sie Leitzins. Auch
Bargeld für mögliche Abhebungen
bekommt sie von der Notenbank.

1a
Die Bank vergibt
10 000 Euro Kredit an
ein Unternehmen und
bucht diese Summe
auf dessen Girokonto.
Damit schafft sie
elektronisches Geld.

4
Das Unternehmen zahlt
über ein Girokonto den
Kredit über 10 000 Euro
an die Bank zurück. Damit
wird das elektronische
Geld wieder aufgelöst.

2
Das Unternehmen
zahlt 10 000 Euro
Löhne an Mitarbeiter
auf ein Girokonto.

3
Private Konsumenten
kaufen per Kredit,
EC-Karte oder per
Überweisung für
10 000 Euro Waren
des Unternehmens.

Banken erzeugen Geld durch einen schnöden Buchungsvorgang!

Bei manchen Lesern werden jetzt Fragen hochkommen: Stimmt das wirklich? So leicht lässt sich Geld erzeugen? Das kann doch nicht sein! Das wäre ja Betrug! Das kann ich nicht glauben!

Wir wollen deshalb noch einmal die Deutsche Bundesbank zu Wort kommen lassen. Besser kann man es nicht darstellen. Dabei verwendet die Bundesbank anstatt „Giralgeld" oder „Buchgeld" das Synonym „Sichteinlagen", das sind die Guthaben auf Girokonten, die man sofort verwenden kann:

„Geschäftsbanken schaffen Geld durch Kreditvergabe

In der Wirtschaft wird ein Großteil der Zahlungen nicht in bar, sondern durch Umbuchung von Sichteinlagen von einem Geschäftsbankenkonto zum anderen geleistet. Die Sichteinlagen fließen beispielsweise vom Konto des Arbeitgebers zum Konto des Arbeitnehmers und von dort zu den Konten des Vermieters oder einer Versicherung. Aber wie ist dieses Giralgeld entstanden?

Der Vorgang entspricht der Entstehung von Zentralbankgeld: In der Regel gewährt die Geschäftsbank einem Kunden einen Kredit und schreibt ihm den entsprechenden Betrag auf dessen Girokonto gut. Wird dem Kunden ein Kredit über 1.000 Euro gewährt (zum Beispiel Laufzeit 5 Jahre, 5 %), erhöht sich die Sichteinlage des Kunden auf seinem Girokonto um 1.000 Euro. Es ist Giralgeld entstanden bzw. wurden 1.000 Euro Giralgeld geschöpft. Die Giralgeldschöpfung ist also ein Buchungsvorgang. Alternativ kann die Geschäftsbank dem Kunden einen

Vermögenswert abkaufen und den Zahlbetrag gutschreiben. Der Kunde kann den gutgeschriebenen Betrag dann für Überweisungen nutzen oder auch in bar abheben." [8]

Buchgeld entsteht also allein durch eine Buchung. In der Fachsprache heißt das „Bilanzverlängerung", das heißt, beide Seiten der Bilanz – Aktiva und Passiva – wachsen gleichzeitig. Für Bilanzbuchhalter ist dies ein ganz gewöhnlicher Vorgang. Dabei braucht die Bank das Geld im Vorfeld gar nicht zu besitzen, sie ist als originärer Geldschöpfer tätig. Aus diesem Grund ruft der Bankmitarbeiter vor Abschluss eines Kreditvertrages auch nicht in der Finanzabteilung an und fragt nach, ob noch genug Geld für den Kredit vorhanden ist.

Geldherstellung der Banken durch Bilanzverlängerung
Beispiel: Ein Kunde erhält von der Bank einen Kredit über 10 000

Vor Kreditvergabe
Geschäftsbank XY

Aktiva   Passiva

Reserve bei Zentralbank Anleihen, Wertpapiere	Kundenguthaben (Girokonten, ect.)
Kredit- forderungen	
	Eigenkapital

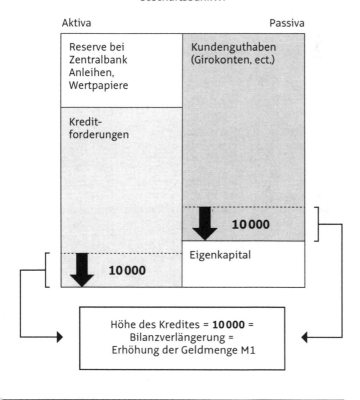

Nach Kreditvergabe
Geschäftsbank XY

Aktiva   Passiva

Reserve bei   Kundenguthaben
Zentralbank   (Girokonten, ect.)
Anleihen,
Wertpapiere

Kredit-
forderungen

10 000

Eigenkapital

10 000

Höhe des Kredites = **10 000** =
Bilanzverlängerung =
Erhöhung der Geldmenge M1

Riesenbetrug

Ein Freund schickte mir folgende E-Mail:

„Lieber Thomas,
ich habe mir eben dein Manuskript durchgelesen. Ich habe heute diesen Gedanken in seiner konkreten Tragweite erst so richtig verstanden. Insofern kann ich nur Henry Ford (Gründer von Ford) bestätigen, der gesagt haben soll: »Würden die Menschen das Geldsystem verstehen, hätten wir eine Revolution noch vor morgen früh.«

Heute ging mir auf, was für ein RIESENBETRUG die Geldschöpfung durch die Geschäftsbanken eigentlich ist …

a) Sie können Geld einfach erschaffen.

b) Sie dürfen dafür auch noch Zinsen verlangen.

c) Sie dürfen bei Ausbleiben der Rückzahlung kraft Gesetz reale Werte pfänden lassen.

Das bedeutet, sie erhalten für NICHTS reale Werte wie Häuser, Autos, Grundstücke, Unternehmen etc. Sie müssen dafür nicht arbeiten außer Zahlen hin und herschieben. Das ist so ein unglaublicher Skandal.

Eine Bank gibt einem Kunden 10.000 Euro Kredit, der kauft ein Motorrad für 10.000 Euro und kann bald die Raten nicht mehr zahlen, die Bank pfändet, da er nichts anderes hat, sein Motorrad und die Bank hat ein Motorrad, das noch 9.000 Euro wert ist. Sie haben also jetzt ein Motorrad mit Geld »gekauft«, das sie nie hatten. Das sie einfach per Knopfdruck erschaffen haben. Das ist doch Wahnsinn. Das ist doch Diebstahl. Das ist doch organisierter Raub im großen Stil. Und wir Bürger sind so wahnsinnig bescheuert, dieses ganze Spiel mitzumachen. Das funktioniert auch nur, weil es so unglaublich ist, dass es eben keiner glaubt. Das ist der Trick."

Wir antworteten: „Es ist noch viel schlimmer! Der Umweg über geplatzte Kredite ist gar nicht notwendig. Eine Bank kann sich reale Werte direkt aneignen. Sie kann mit selbst erzeugtem Geld Autos, Motorräder, Immobilien, Kunstwerke, Hochhäuser, Aktien oder Gold kaufen. Ganz legal. Banken können alles mit selbst geschöpftem Geld kaufen, was sie in der Bilanz als Vermögenswert buchen können. Deshalb finden die Investmentbanken den Eigenhandel mit Aktien und Wertpapieren so gut."

Schranken der Bankengeldschöpfung

Wenn das so einfach geht, können die Banken dann unbegrenzt Geld schöpfen? Nein, sie können zwar sehr viel Geld erschaffen, aber nicht unbegrenzt. Die Bankengeldschöpfung wird von folgenden Faktoren begrenzt:

Schranke 1: Der Kunde verlangt Bargeld.

Hebt der Kunde sein durch Kredit erzeugtes Giralgeld bar ab, muss die Bank Geldscheine bereitstellen. Diese kann sie aufgrund des Banknotenmonopols selbst nicht drucken, sondern bekommt sie nur durch einen Kredit bei der Zentralbank. In dem Umfang, wie Kunden Bargeld verwenden, müssen sich die Banken dieses Geld gegen Zinsen von der Zentralbank ausleihen.

Schranke 2: Abfluss von Giralgeld zu anderen Banken.

Überweist ein Kunde der Bank A etwas auf ein Konto bei Bank B, muss von Bank A zu Bank B ein Geldfluss stattfinden. Dieser kann in drei Varianten geschehen:

1. Die Überweisung wird mit gegenläufigen Zahlungen verrechnet. Das wird „Settlement" genannt. Da zwischen allen Banken ständig Überweisungen hin und her stattfinden, gleichen sich diese oft wechselseitig aus. In diesem Fall müssen die Banken nichts refinanzieren und die Geldschöpfung ist insoweit unbegrenzt möglich.

2. Gleichen sich die Zahlungen nicht aus, kann die Bank B der Bank A einen Kredit einräumen. Bank A bezahlt dafür Zinsen und verliert somit einen Teil ihres Geldschöpfungsgewinns an Bank B.

3. Zum Zahlungsausgleich wird Zentralbankgeld zwischen den Banken verwendet. Bank A überweist den Betrag auf das Zentralbankkonto von Bank B. Dazu nimmt Bank A vorab bei der Zentralbank einen Kredit auf, damit sie über ausreichend Zentralbankgeld verfügt. Dafür zahlt sie der Zentralbank Zinsen und gibt somit einen Teil des Geldschöpfungsgewinns an diese weiter.

Schranke 3: Leitzins.

Je höher der allgemeine Zinssatz liegt, umso weniger Kreditnachfrage gibt es. Andersherum: Je niedriger der Zins, umso mehr Menschen tätigen einen Hauskauf oder eine Geschäftsinvestition. Die Zentralbanken können durch die Festlegung des Leitzinses die allgemeine Zinshöhe beeinflussen und damit die Geldmenge beeinflussen. Allerdings ist die Zinshöhe bei der Kreditvergabe nur einer von vielen Faktoren. So werden in euphorischen Boom-Phasen trotz hoher Zinsen viele Kredite vergeben, da die Menschen vor positiven Erwartungen strotzen und damit rechnen, dass die Geschäfte sich rentieren.

Schranke 4: Kreditsicherheit.

Mit jeder Geldschöpfung durch Kreditvergabe entstehen für die Banken Risiken. Denn wenn ein Kredit nicht zurückbezahlt wird, hat die Bank einen Verlust, der zu Lasten ihres Eigenkapitals geht. Warum? Die Geldschöpfung erfolgt durch eine Verlängerung beider Seiten der Bankbilanz. Wenn nun eine Kreditforderung ausfällt, schrumpft eine Seite, die andere Seite bleibt aber gleich – das heisst, auch wenn das Zahlungsversprechen eines Kunden wertlos geworden ist, bleiben die Auszahlungsverpflichtungen der Bank, das heisst das Giralgeld, gleich. Da in der Buchhaltung beide Seiten der Bilanz immer ausgeglichen sein müssen, schrumpft das Eigenkapital. Ein zu geringes Eigenkapital führt aber zum Zusammenbruch einer Bank. Deshalb schöpfen Banken nur neues Giralgeld, wenn die Risiken entsprechend gering sind und Kreditsicherheiten vorliegen. Die Kreditsicherheit ist die wichtigste Grenze für die Giralgeldschöpfung der Banken.

Schranke 5: Eigenkapitalanforderungen.

Das Eigenkapital einer Bank ist das Reinvermögen der Bank, also ihr Vermögen abzüglich ihrer Schulden. Die Banken müssen per Gesetz eine bestimmte Höhe an Eigenkapital vorhalten, mit dem sie Verluste auffangen können. Die Eigenkapitalquote wird kompliziert berechnet und ist in den „Baseler Regeln" festgelegt. (Diese heißen so, da in Basel die Bank für Internationalen Zahlungsausgleich, die „Bank und Dachverband der Zentralbanken" ist, ihren Sitz hat.) Wenn eine Bank einen Kredit an einen schlechten Kunden ausgibt, muss sie mehr Eigenkapital für diesen Kredit reservieren als bei einem Kunden mit guter Bonität. Die Bonität wird anhand der Ratings eingeteilt, mit der die Zahlungsfähigkeit von Unternehmen bewertet wird. Je nach Rating müssen 0 %, 20 %, 50 %, 100 % oder 150 % der Kreditsumme mit 8 % Eigenkapital hinterlegt werden, also mit 0 %, 1,6 %, 4 %, 8 % oder 12 %. Je höher die Bonität eines Kreditnehmers ist, desto geringer ist die erforderliche Unterlegung mit Eigenkapital und desto weniger ist die Kreditvergabe begrenzt.

Schein-Schranke: Mindestreserve.

Die Mindestreserve wird oft als Schranke und Mittel der Geldsteuerung aufgeführt. Tatsächlich bewirkt sie fast nichts.

Der Mindestreservesatz für Banken im Euro-System beträgt ein Prozent auf die Höhe von Girokonten und bestimmten Spareinlagen. In der Schweiz sind es 2,5 Prozent (Stand 2017). Das bedeutet: Hat eine Bank ihren Kunden insgesamt 100 Millionen auf Girokonten gutgeschrieben, muss sie eine Million Euro oder 2,5 Millionen Franken als Mindestreserve halten – und zwar in Zentralbankgeld auf ihrem Konto bei der Zentralbank. Die Bank kann sich das dafür benötigte Zentralbankgeld durch einen Kredit bei der Zentralbank beschaffen. Den bekommt sie jederzeit und unbegrenzt. Sie muss dazu nur als Sicherheit Staatsanleihen, Pfandbriefe, Bank- oder Unternehmensanleihen einreichen. Staatsanleihen sind die übliche Form von Krediten an den Staat und werden von Zentralbanken zu 100 Prozent als Sicherheiten anerkannt.

Um also 100 Millionen neue Kredite zu vergeben, brauchen die Banken vorab null Geld, denn sie können aus dem Nichts eine Million Euro Giralgeld schöpfen, um damit die benötigten Staatsanleihen zu kaufen. Diese Staatsanleihen hinterlegen sie als Sicherheit für einen Kredit über eine Million Zentralbankgeld auf Ihrem Zentralbankkonto. Damit dürfen sie für weitere 100 Millionen Euro Kredite vergeben. Deshalb bringt die Mindestreserve gar nichts zur Steuerung oder Begrenzung der Geldmenge.

Wieso gibt es dann überhaupt diese Mindestreserve? Sie ist ein historisches Überbleibsel aus der Zeit der Golddeckung. Früher mussten die Banken statt Staatsanleihen Gold hinterlegen, und Gold kann man nicht selbst aus dem Nichts schöpfen.

Wozu braucht die Bank dann überhaupt noch das Geld ihrer Kunden?

Viele Menschen glauben, die Banken sammeln Spargelder, um diese als Kredite wieder zu verleihen. Selbst mancher Bankangestellte ist dieser Ansicht, da in ihrer Ausbildung das Thema Geldherstellung kaum behandelt wird. Doch erst nach der Vollgeld-Reform – also der alleinigen Geldschöpfung durch die Zentralbank und Abschaffung der Bankengeldschöpfung – könnten die Banken nur Gelder verleihen, die ihnen selbst geliehen wurden. Im heutigen Geldsystem brauchen die Banken keine Spargelder, um Kredite zu vergeben, denn mit jeder Kreditvergabe wird gleichzeitig das verliehene Geld neu geschaffen.

Dass die Banken trotzdem um Kundengelder mit manchmal verlockenden Zinsangeboten werben, hat seine Gründe:

Sicherung des Geldschöpfungsgewinnes: Für eine Bank ist es am besten, wenn Geld einfach auf ihren Konten liegen bleibt. Wandert das Geld ab, kann es – wie wir oben gesehen haben – sein, dass sie zur Refinanzierung einen Kredit bei einer anderen Bank oder der Zentralbank aufnehmen und dafür Zinsen zahlen muss. Dann lieber den Geldschöpfungsgewinn mit den Kunden teilen und diesen höhere Zinsen für langfristige Sparanlagen zahlen. Das Geld ist stillgelegt und bleibt im Haus.

Hier gibt es einen wesentlichen Unterschied zwischen kleinen und großen Banken. Je größer eine Bank ist, also je größer der „Bankraum", desto wahrscheinlicher ist es, dass bei Transaktionen auch der andere Kontoinhaber sein Konto bei der gleichen Bank hat und desto sicherer verbleibt der Geldschöpfungsgewinn bei der Bank. Große Banken haben damit einen Vorteil gegenüber kleinen Banken.

Risikominimierung: Je mehr langfristige Spargelder eine Bank hat, umso weniger Darlehen benötigt sie von anderen Banken. Damit sinkt das Risiko, dass sie irgendwann von anderen Banken keine Darlehen mehr bekommt oder diese nur gegen hohe Zinsen.

Kundenpflege: Wenn eine Bank keine Girokonten, Online-Überweisungen etc. anbietet, hätte sie keine Kundenbeziehungen. Doch jede Bank braucht Kundenkontakte, um überhaupt Geschäfte machen zu können. Die Verwaltung von Kundengeldern ist Teil der Marketingstrategie und Kundenbindung.

Selbstverständnis: Genossenschaftsbanken oder Sparkassen sind nicht auf Gewinnmaximierung ausgerichtet, sondern auf Kundenservice und so gehört die Verwaltung von Kundengeldern zu ihrem Selbstverständnis.

Achtung! Damit es nicht zu Missverständnissen kommt!
Banken können mit selbst geschöpftem Geld keine Gehälter bezahlen oder Spekulationsverluste ausgleichen.

Bei der Geldschöpfung der Banken gibt es oftmals ein Missverständnis. Da Geldschöpfung nur durch eine Verlängerung der Bankbilanz funktioniert, können Banken mit selbst erzeugtem Geld nur alle „Finanzanlagen" finanzieren, also Kredite an Kunden, Anleihen von Staaten und Unternehmen, Aktien, Immobilien, Derivate, usw. – ein Grund, warum der Eigenhandel der Banken blüht und sie die Finanzmärkte auf diese Weise anheizen.

Jedoch Gehälter, Sachkosten oder auch Spekulationsverluste können die Banken nicht mit selbst erzeugtem Geld finanzieren. Dafür benötigen sie ausreichende Einnahmen. Fehlen diese Einnahmen, so belasten die Verluste das Eigenkapital der Bank. Schrumpft das Eigenkapital zu stark, ist die Existenz der Bank bedroht. Die Banken können mit selbst erzeugtem Geld also viele Kredite finanzieren, wenn jedoch Kredite platzen, kann dies die Bank nicht mit Gelderzeugung ausgleichen.

Wie das Geld unter die Leute kommt

Geld allein herstellen, reicht nicht, es muss auch von den Menschen als Zahlungsmittel angenommen werden, sie müssen bereit sein, damit zu zahlen. Es gibt drei Möglichkeiten, wie Geld in Umlauf kommen kann:

1. Die Schuldfreie Ausgabe: Über Jahrtausende bezahlten Könige, Fürsten, Kantone und Städte mit neu geprägten Münzen ihre Aktivitäten. Danach wanderten diese Münzen von einem zum anderen.

2. Wechselseitige Kredite: Dieses direkt ausgegebene Vollgeld wurde immer ergänzt durch private Kredite. So erzeugten dörfliche Gemeinschaften oder Händler das für die Wirtschaft notwendige Geld zum Beispiel in Form von Wechseln und Schuldscheinen, soweit es sonst nicht vorhanden war. Das heißt, sie schufen neue Währungen und verliehen nicht nur das Münzgeld des Königs. Da jeder Mensch Kredite geben oder annehmen kann, ist niemand bevorteilt. Solche Privatkredite sind allerdings nicht allgemein oder über größere Regionen verwendbar, da diese auf persönlichen Beziehungen basieren.

3. Schuldgeldsystem und Bankkredite: Heute haben Bankkredite das direkt ausgegebene Vollgeld und die wechselseitigen Kredite weitgehend verdrängt. Mit jedem Kredit oder Kauf von Wertpapieren erzeugen Banken neues Giralgeld und bringen es so in Umlauf. Im Gegensatz zu den wechselseitigen Krediten gibt es nur noch eine Verbindung zwischen Bank und Kreditnehmer und davon ganz getrennt zwischen Bank und Sparer. Dadurch wird das Kreditgeld allgemein einsetzbar.

Auch heute gibt es diese drei Wege, wir haben aber vor allem ein Schuldgeldsystem. Dabei kommen Münzen, Papiergeld, Zentralbank-Buchgeld und Banken-Buchgeld unterschiedlich in Umlauf.

Das Münzrecht der Staaten

So wie in früheren Jahrhunderten haben auch heute noch die Staaten das Münzrecht inne. Regierungen besitzen Prägeanstalten und verkaufen die Münzen zum aufgeprägten Wert an ihre Zentralbanken, die sie in Umlauf bringen.

Da die Regierungen die Münzen zum Nennwert verkaufen, fällt der Geldschöpfungsgewinn sofort in voller Höhe an. Im Bundeshaushaltsplan 2016 der BRD stehen „Münzeinnahmen" in Höhe von 585 Millionen Euro (Haushaltstitel 092 01 und 119 89). Für „Prägekosten, Metallbeschaffungskosten, Kosten für den Vertrieb von Sammlermünzen und die Unterhaltung des Münzumlaufs" werden 360 Millionen Euro veranschlagt (Titel 540 01). Es bleibt ein Nettogewinn von 225 Millionen Euro, mit dem öffentliche Ausgaben finanziert werden. Eine solche Gewinnmarge ist für sonstige Unternehmen schwer erreichbar. Geldschöpfung ist ein lohnendes Geschäft.

Im Schweizer Bundeshaushalt gibt es bei den Einnahmen die Rubrik „Zunahme des Münzumlaufs", der 2014 89,2 Millionen Franken ausmachte.

Die direkte schuldfreie Ausgabe des Münzgeldes ist ein über Jahrhunderte bewährtes Verfahren, das wir mit der Vollgeld-Reform auch auf Papiergeld und Buchgeld ausweiten wollen. Damit würde sich der Geldschöpfungsgewinn vervielfachen und ein bislang ungenutztes Potential erschlossen.

So gelangt Bargeld ins Portemonnaie:

Die Zentralbanken machen mit den Münzen dasselbe wie mit dem Papiergeld, für das sie zuständig sind, und das sie in Spezialdruckereien drucken lassen. Beides kommt nur über zwei Verschuldungsvorgänge in den Umlauf: Erstens sind Bankkredite an Kunden nötig und zweitens Zentralbankdarlehen an Banken.

Erster Kreditvorgang: Um Bargeld abheben zu können, braucht man Giralgeld auf dem Konto und das entsteht nur durch Bankkredite. Würde man den Weg des Scheines von Hand zu Hand zurückverfolgen, würde man bei dem Menschen landen, der den Geldschein als Erster benützte. Er hatte ihn druckfrisch von einer Bank bekommen, die dafür sein Konto belastete.

Zweiter Kreditvorgang: Damit die Bank Papiergeld und Münzen vorrätig hat, um dieses gegen Giralgeld umzutauschen, musste sie zuvor einen Kredit bei der Zentralbank aufnehmen. Mit dem Guthaben auf ihrem Zentralbankkonto kann die Bank das benötigte Bargeld kaufen. Das Bargeld wird dann mit einem gepanzerten Wertpapiertransporter zur Bank gefahren und kommt in die Geldautomaten.

Dieses ganze Verfahren ist reichlich kompliziert – wie leider unser ganzes heutiges Geldsystem. Warum gibt die Zentralbank die Münzen und das Papiergeld nicht einfach den Staaten zum Ausgeben, ohne diesen Kreditwirrwarr? Das wäre ein schlichter, einmaliger Vorgang und der schöne Geldschöpfungsgewinn würde den Staaten in voller Höhe zugutekommen.

Doch die Deutsche Bundesbank schreibt kategorisch, dass sie Banknoten nur verleiht, und damit „jederzeit bereit ist, sie wieder zurückzunehmen." [9] Diese Aussage bezieht sich nicht auf den Umtausch von zerschlissenem Papiergeld, sondern die Bundesbank will tatsächlich jederzeit alles Bargeld zurücknehmen können! Warum nur will die Bundesbank alle Geldscheine über Nacht aus dem Verkehr ziehen können? Mit was sollten wir bezahlen, wenn alle Geldscheine eingezogen sind? Jede Geldmengenreduktion vermindert die Kaufkraft und nur wenige Prozent Schrumpfung des Bruttoinlandsprodukts wirken traumatisierend für alle Beteiligten. Für die Volkswirtschaft ist die Kontinuität der Geldmenge existentiell. Deshalb ist die Aussage der Bundesbank sehr erstaunlich. Sie erklärt sich historisch (siehe Kasten).

Geld und Betrug – ein Ausflug in die Vergangenheit

Papiergeld entstand vor allem im 18 und 19 Jahrhundert als Quittung für hinterlegtes Gold Doch die Banken gaben mehr Quittungen heraus als sie Gold hatten Falls dieser Betrug gerochen worden wäre und in der Öffentlichkeit Zweifel aufgekommen wären, hätte das einen Bank-Run zur Folge gehabt und wäre damit das Ende dieser Bank gewesen Bank-Run heißt, dass alle wie vom Teufel gebissen in die Bank rennen und schnellstmöglich ihre Banknoten in echtes Geld einzulösen versuchen Die Letzten gingen leer aus, die Bank ging bankrott und mancher Bankier musste sogar um sein Leben fürchten Die Bankdirektoren waren deshalb immer „auf der Hut" und, wenn es brenzlig wurde, nahmen sie möglichst viele Banknoten zurück und ließen sie verschwinden Sie mussten also jederzeit die Tatspuren verwischen können Das ging nur, indem sie Kredite auslaufen ließen oder kündigten und Neukredite stoppten Deshalb kam für sie nur die Geldschöpfung durch Kredite in Frage

Hätten sie die selbst gedruckten Banknoten für Immobilien-, Aktien- oder sonstige Käufe direkt in Umlauf gebracht, wäre der Schwindel schneller aufgeflogen Erstens wäre die Frage entstanden, woher die Bank das viele Geld hat, und zweitens lassen sich Sachgüter nicht schnell und in Krisensituationen nur mit hohen Verlusten verkaufen Anders ist das bei Krediten Hier haften bei Kursverlusten die Kreditnehmer und nicht die Bank Aus diesen Gründen wurde es für die Banken ein ungeschriebenes Gesetz, dass Banknoten als Kredit herausgegeben werden Die Zentralbanken waren ja früher normale Geschäftsbanken Zwar sind sie inzwischen öffentliche Einrichtungen und die Golddeckung gibt es auch schon seit über 40 Jahren nicht mehr, aber offensichtlich wirkt das kollektive ungeschriebene Gesetz von damals immer noch Wenn heute Zentralbanker sagen, sie müssen jederzeit alles Geld wieder zurücknehmen können, dann spricht vermutlich der alte Privatbankier, der Angst vor einem Bank-Run hat, aus ihnen heraus

Noch etwas können wir aus diesen Überlegungen lernen: Ein Vorteil der Geldausgabe durch Kredite ist, dass der Geldschöpfungsgewinn versteckt wird, da er als Zinseinnahmen anfällt Deshalb findet man in den Jahresabschlüssen der Banken keinen Geldschöpfungsgewinn ausgewiesen

Zentralbank-Buchgeld kommt nie in Umlauf

Münzen und Papiergeld der Zentralbank können wir gegen Banken-Giralgeld eintauschen, aber das Buchgeld der Zentralbank bekommen wir nie zu sehen. Denn es ist, wie wir bereits am Anfang des Buches bei der Darstellung der Rolle der Zentralbank im Rahmen der Giralgeldschöpfung kurz angerissen haben, völlig getrennt vom Bankengeld. Der Kreislauf des Zentralbankgeldes sowie der Kreislauf des Bankengelds sind zweierlei.

Jede Bank hat bei der Zentralbank ein Konto mit ihrer Bankleitzahl als Kontonummer. Die Banken brauchen diese Zentralbankkonten für den Zahlungsverkehr zwischen Banken, dem Umtausch in Bargeld und der Mindestreserve. Auf diese Konten fließt Geld, indem die Zentralbank Kredite an die Banken vergibt.

Die Zentralbank-Konten sind ein geschlossener Kontokreis – Zentralbank-Buchgeld verlässt niemals die Bücher der Zentralbank. Überweisungen sind nur auf ein anderes Zentralbankkonto einer Bank möglich. Es geht also nicht, dass die Banken Zentralbankgeld an Unternehmen oder Privatpersonen verleihen oder damit einkaufen. [10] Das Buchgeld der Zentralbank und der Banken sind zwei getrennte Kreisläufe, nur das Papier- und Münzgeld fließt durch beide.

Was passiert dann beim derzeitigen Kauf von Staats- und Unternehmensanleihen der EZB? Die EZB kauft diese Anleihen nur Banken ab, die dafür Zentralbank-Buchgeld bekommen, das im EZB Kontenkreis bleibt. Die EZB drückt damit die Zinsen für die Anleihen und nimmt den Banken Risiken ab. Die Banken sollen so angeregt werden, vermehrt neue Kredite zu vergeben und somit Banken-Geld zu schaffen, das wiederum in den Wirtschaftskreislauf kommt.

In der offiziellen Statistik wird das Zentralbankgeld und das Bankengeld getrennt erfasst. Das Zentralbankgeld ist das Basisgeld oder Notenbankgeld, die Summe des Bankengeldes findet sich in der Geldmenge M1, das ist das kaufkräftige Geld, das in der Wirtschaft umläuft. [11]

Heute: Zwei getrennte Geldkreisläufe

Das Buchgeld der Bundesbank (bzw. der Europäischen Zentralbank) kommt nicht in den Wirtschaftskreislauf. Es dient ausschließlich dem Zahlungsausgleich zwischen Banken sowie regulatorischen Zwecken. Das elektronische Geld auf unseren Konten wird von den Geschäftsbanken erzeugt. Nur Münzen und Geldscheine wandern durch beide Geldkreisläufe.

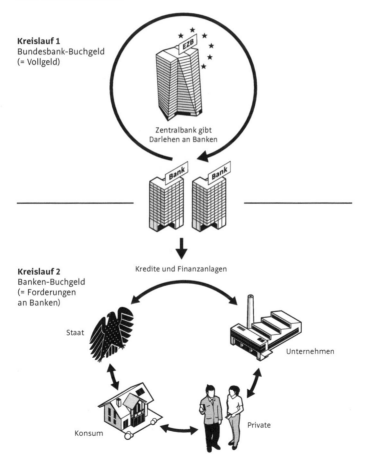

Kreislauf 1
Bundesbank-Buchgeld
(= Vollgeld)

Zentralbank gibt
Darlehen an Banken

Kreislauf 2
Banken-Buchgeld
(= Forderungen
an Banken)

Kredite und Finanzanlagen

Staat

Unternehmen

Konsum

Private

Die Banken können Zentralbankkredite nur mit Zentralbankgeld zurückbezahlen, nicht mit selbst geschöpftem Bankengeld. Dies alles ist ziemlich kompliziert und schwer zu verstehen und letztlich auch überflüssig. Warum ist das überhaupt so? Nur aufgrund dieser zwei Kreisläufe können die Banken selbst Geld schöpfen. Vollgeld schafft diese zwei getrennten Geldkreisläufe ab, es gibt dann nur noch Zentralbankgeld für alle. Die Zentralbank kann Vollgeld nicht nur durch Darlehen an Banken, sondern auch durch direkte Auszahlung an den Staat oder uns Bürgerinnen und Bürger in Umlauf bringen.

So funktioniert Vollgeld

Jetzt wissen wir also, mit welchen Tricks die Banken sich mit unserem Geld die Taschen voll stopfen, und wir sollten dringend schauen, wie wir die Geldschöpfungsgewinne stattdessen in die Staatskasse umleiten. Kommen wir also zum zentralen Thema unseres Buches: Die Vollgeld-Reform. Mit ihr würden die Menschen endlich bekommen, was sie schon für Realität halten – sicheres, von der Zentralbank geschaffenes Giralgeld. Und das Schönste ist: Die Einführung von Vollgeld wäre so einfach, dass wir sie überhaupt nicht bemerken würden.

Denn der Aufwand der Umstellung ist sehr gering. Es braucht nichts erfunden werden, Banker müssten nichts Neues lernen. Eigentlich kann alles so bleiben wie bisher, fast …

Vollgeld-Reform konkret

Die Grundlage einer Vollgeld-Reform ist also erfreulich schlicht: Buchgeld wird ausschließlich durch die unabhängige und demokratisch legitimierte Zentralbank (Europäische Zentralbank, EZB, oder Schweizer Nationalbank, SNB) als gesetzliches Zahlungsmittel hergestellt.

Banken dürfen selbst kein Giralgeld mehr erzeugen, sondern nur noch das Geld verleihen, das sie dafür von Sparern, Investoren und der Zentralbank zur Verfügung gestellt bekommen haben.

Damit wird das bisherige Bankengeld abgeschafft und es gibt nur noch das Vollgeld der Zentralbank.

Vollgeld: Nur ein Geldkreislauf

Mit der Vollgeld-Reform erzeugt ausschließlich die Zentralbank elektronisches Buchgeld. Die Banken können nur das Geld verleihen, das ihnen dafür von Sparern, Investoren oder der Zentralbank zur Verfügung gestellt wurde. Sie sind Finanzdienstleister, aber keine Geldschöpfer mehr.

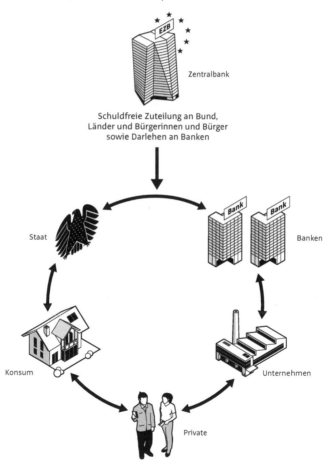

Zentralbank

Schuldfreie Zuteilung an Bund,
Länder und Bürgerinnen und Bürger
sowie Darlehen an Banken

Staat

Banken

Konsum

Unternehmen

Private

Neues Vollgeld kann auf verschiedenen Wegen in Umlauf kommen. Erstens durch schuldfreie Zuteilungen der Zentralbank an Bund, Länder, Kantone oder direkt ausgezahlt als Bürgerdividende. Entsprechend würde jeder Bürger einmal jährlich zum Beispiel 1000,- Euro oder Schweizer Franken auf sein Konto überwiesen bekommen. Zweitens kann die Zentralbank den Banken Darlehen geben und drittens mit neu geschöpftem Geld Auslandsdevisen, Wertpapiere oder Gold kaufen.

Die Zentralbank hat den Auftrag, die Geldmenge so zu steuern, dass der Geldwert und somit die Preise stabil bleiben und keine Finanzblasen entstehen. Sie muss also aufpassen, nur so viel Geld zu erzeugen, wie es der Wirtschaftskraft des Währungsraumes entspricht.

Vollgeld könnte eingeführt werden, ohne dass die Kunden im In- und Ausland etwas davon mitbekommen. Denn man sieht es den Zahlen auf dem Kontoauszug nicht an, ob es Zentralbank-Vollgeld oder Banken-Giralgeld ist. Auch das Wirtschaftsleben wird davon unbeeinflusst bleiben, denn die zur Verfügung stehende Geldmenge und der entsprechende Zugang zu Krediten werden sich nicht verändern.

Jedoch ist in Deutschland eine Änderung des Bundesbankgesetzes nötig und später möglichst der EU-Verträge. Für die Änderung des Bundesbankgesetzes benötigt man nur eine einfache Mehrheit im Bundestag, das ist wesentlich leichter zu erreichen als die Zustimmung aller Euro-Staaten für eine EU-Vertragsänderung. [12]

In der Schweiz muss zur Einführung von Vollgeld die Bundesverfassung geändert werden. Einen Vorschlag hat hier die Vollgeld-Initiative gemacht. [13] Darüber werden die Schweizer Bürgerinnen und Bürger abstimmen.

Heute: nur Bargeld ist Vollgeld

	Geldart	in Umlauf durch	Lebens- dauer	gesetzliches Zahlungsmittel	öffentliche Einnahmen
	Münzen 1%	öffentliche Ausgaben	unbegrenzt	Ja, Vollgeld	100% Nennwert
	Papiergeld 9%	Kredite von Banken	unbegrenzt	Ja, Vollgeld	Zins von Nennwert
	elektronisches Zentral- bankengeld	Kredite der Zentralbanken nur an Banken	bis Kredit- tilgung	Ja Vollgeld (aber nicht im Wirtschafts- kreislauf)	Zins von Nennwert
	elektronisches Bankengeld 90%	Kredite von Banken	bis Kredit- tilgung	Nein, Bankengeld	keine (Zins geht an Banken)

Ziel: alles Geld wird Vollgeld

	Geldart	in Umlauf durch	Lebens- dauer	gesetzliches Zahlungsmittel	öffentliche Einnahmen
	Münzen	Darlehen der Zentralbank an Banken	bis Darlehens- tilgung	Ja, Vollgeld	Zins von Nennwert
	Papiergeld	oder			
	elektronisches Geld der Zentralbank	Öffentliche Ausgaben oder Bürger- dividende	unbegrenzt	Ja, Vollgeld	100% Nennwert
	elektronisches Bankengeld	(Gibt es nicht mehr)			

Mit der Vollgeldreform werden die Regeln des Münzgeldes auf alle Geldarten übertragen. Das Bankengeld wird abgeschafft und durch Zentralbankgeld ersetzt.

Die To-Dos der Vollgeld-Einführung:
Nach der Änderung des Bundesbankgesetzes und der EU-Verträge oder der Schweizer Verfassung wird einige Jahre Vorbereitungszeit benötigt, bis das Vollgeld tatsächlich eingeführt werden kann. Die Umsetzung würde in vier Schritten geschehen.

Erster Schritt: Parlament und Regierung passen untergeordnete Gesetze und Verordnungen an.

Zweiter Schritt: Banken und die Zentralbank müssen ihre internen Abläufe sowie die Software auf die Reform vorbereiten und umstellen.

Dritter Schritt: An einem Stichtag wird alles Banken-Giralgeld in Zentralbank-Vollgeld umgewandelt. Der große Moment ist da – aber kaum etwas passiert. Lediglich die Bilanzbuchhalter aller Banken haben zu tun. Sie setzen sich an ihre Schreibtische und tippen in ihre Computer folgende Buchung ein: „Alle kurzfristigen Kunden-Verbindlichkeiten an Zentralbank-Verbindlichkeiten." Dann drücken sie die „Enter"-Taste, fertig! Das war das Wichtigste.

Jetzt ...
... haben die Banken das Geld, das auf den Girokonten der Kunden liegt, nicht mehr als Schulden an die Kunden, sondern an die Zentralbank. Die Zentralbank übernimmt also alle Verbindlichkeiten der Banken für Giro- und Tagesgeldkonten.
... haben die Kunden auf ihren Konten echtes Zentralbankgeld anstatt nur eine Forderung an eine Bank. Alle Giralgelder sind nun gesetzliche Zahlungsmittel. Die Girokonten werden in „Geldkonten" umgetauft und wer-

den zu „elektronischen Portemonnaies". Die Banken verwalten diese Geldkonten jetzt außerhalb ihrer Bilanz wie heute Wertpapierdepots oder Schließfächer, damit fallen sie bei Bankenpleiten nicht in die Konkursmasse.

... läuft der Zahlungsverkehr wie gewohnt weiter. Alle Guthaben und Kredite, alle Forderungen und Verbindlichkeiten bleiben unverändert bestehen.

... sind die Geldkonten (= Eigentum des Kontoinhabers) und die Anlage- und Sparkonten (= Kredit an Bank) klar getrennt.

... werden alle neuen Darlehen in Vollgeld vergeben – anderes Geld gibt es nicht mehr. Die Banken bekommen das dafür nötige Geld von ihren Kunden, anderen Banken, Versicherungen, Investoren oder von der Zentralbank.

... bleibt die bislang von den Banken erzeugte Geldmenge zunächst einmal in ihrer Höhe bestehen. Auch wenn heute zu viel Geld im Umlauf ist, so sollte das nur langsam und verteilt auf viele Jahre korrigiert werden.

... sind alle anderen Zahlungsmittel und Verrechnungssysteme wie Lieferantenkredite, Regiogelder, Tauschringe, Rabattsysteme etc. nicht von der Umstellung betroffen.

Heute: Geld und Zahlungssystem **total abhängig** vom Bankensystem

Bank A

Bank B

Geld- und Zahlungssystem
läuft über das Bankensystem
und ist davon abhängig

Bank C

Vollgeld: Geld und Zahlungssystem **unabhängig** vom Bankensystem

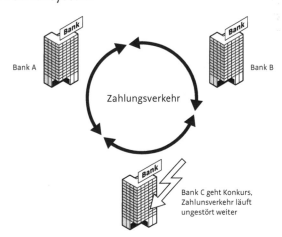

Bank A

Bank B

Zahlungsverkehr

Bank C geht Konkurs,
Zahlunsverkehr läuft
ungestört weiter

Vierter Schritt:
Dieser letzte Schritt wird erst in den kommenden Jahrzehnten folgen. Zu Beginn der Vollgeld-Reform werden die Banken aufgrund der Umstellung hohe zusätzliche Darlehen bei der Zentralbank haben müssen. Diese
werden die Banken schrittweise tilgen. Wenn die Banken
Geld an die Zentralbank zahlen, verschwindet das „alte
von ihnen geschöpfte Giralgeld" aus dem Wirtschaftskreislauf und die Geldmenge wird verringert. Um dies
auszugleichen, bringt die Zentralbank wieder neues Geld
in Umlauf – entweder durch neue Darlehen an Banken
oder durch schuldfreie Auszahlung an den Staat oder
eine Bürgerdividende. So werden dem Staat oder den
Bürgerinnen und Bürgern sehr hohe Mehreinnahmen
entstehen.

Am Tag der Vollgeldumstellung

Die Zentralbank übernimmt die täglich fälligen Verbindlichkeiten der Banken an Kunden, die als Giralgeld in Umlauf sind. Damit schulden die Banken die Gesamtsumme des Giralgeldes nicht mehr ihren Kunden, sondern der Zentralbank.

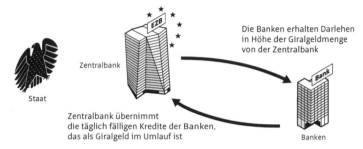

Zentralbank

Staat

Die Banken erhalten Darlehen in Höhe der Giralgeldmenge von der Zentralbank

Zentralbank übernimmt die täglich fälligen Kredite der Banken, das als Giralgeld im Umlauf ist

Banken

In den Jahren nach der Umstellung

❶ Die Banken tilgen schrittweise Teile der Zentralbankkredite.

❷ Die Zentralbank erzeugt entsprechend neues Vollgeld, das sie teilweise durch schuldfreie Auszahlung an den Bund oder die Bürgerinnen und Bürger in Umlauf bringt.

❸ Wenn damit Staatsschulden getilgt werden, kaufen die bisherigen Anleger vermehrt Bankanleihen. Auch Auszahlungen an die Bürger landen durch Ansparungen und Kredittilgungen teilweise wieder bei den Banken.

❹ Mit diesen zusätzlichen Zahlungseingängen können die Banken weitere Zentralbankkredite tilgen. Es geht dann mit Nr. 2 wieder weiter.

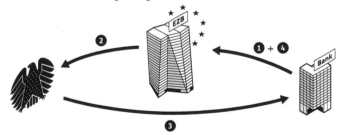

Auf diese Weise kann die dauerhaft benötigte Geldmenge im Laufe einiger Jahrzehnte einmalig dem Staat oder Bürgerinnen und Bürger schuldfrei ausbezahlt werden: etwa 1,3 Billionen Euro in Deutschland, 5 Billionen Euro in den Eurostaaten und 300 Milliarden Franken in der Schweiz.

Endlich verdienen die Bürgerinnen und Bürger an der Geldschöpfung!

Verleiht die Zentralbank nun Geld gegen Zinsen an Banken oder kauft Wertpapiere mit neuem Geld, wird sie dafür Zinseinnahmen erhalten. Zinsgewinne werden entstehen, die sie jährlich an die Staaten und somit indirekt an die Bürgerinnen und Bürger ausschüttet. Der Fachbegriff für diesen Gewinn lautet „Zins-Seigniorage". Zusätzlich könnten die Bürger mit Vollgeld ganz unmittelbar von der Geldherstellung profitieren, ein ganz neuer Weg tut sich auf: Die Zentralbank kann Geld direkt und vor allem schuldfrei an Bund, Länder, Kantone aber auch uns Bürgerinnen und Bürgern überweisen und es somit in Umlauf bringen. Damit fällt ein Geldschöpfungsgewinn im Nennwert des Geldes an. Der Fachbegriff hierfür lautet „originäre Seigniorage".

Münzgeld kommt schon seit Jahrhunderten auf diese Weise in Umlauf, Fürsten, Könige und Kantone bezahlten mit selbst geprägten Münzen ihre Lieferanten und Bediensteten.

Nach der Vollgeld-Reform kann dann auch mit Giralgeld und Papiergeld so umgegangen werden wie bisher mit Münzen, die der Bund prägt. Konkret bedeutet das: Wenn zum Beispiel ein Wirtschaftswachstum von einem Prozent erwartet und angestrebt wird, kann die Zentralbank die Geldmenge um mindestens ein Prozent erhöhen und schuldfrei auszahlen, um das Wachstum finanziell zu ermöglichen. Ein Prozent Erhöhung der Geldmenge bedeutet im Euro-Raum etwa 50 Milliarden Euro, in der Schweiz etwa fünf Milliarden Franken. Dieses neue Geld kann die Zentralbank an den Staat oder die Bürgerinnen und Bürger überweisen. Für den Staat wäre das eine zusätzliche Einnahme. Und auch wir Bürger würden uns über das unverhoffte Geldgeschenk der

Zentralbank freuen – plötzlich hat man einige hundert Euro mehr auf dem Konto.

Vollgeld wäre eine langfristig bedeutende öffentliche Einnahmequelle. Aber es gibt keinen Anspruch darauf, denn die Höhe der schuldfreien Auszahlungen würde allein von den Zentralbanken im Rahmen ihrer unabhängigen Geldpolitik bestimmt. Die Zentralbanken müsste viele Bedürfnisse in Ausgleich bringen und es kann zum Beispiel nötig sein, dass die Zentralbank die Kreditversorgung der Wirtschaft durch viele Darlehen an die Banken unterstützt, damit die Banken ausreichend Geld für Kredite an Unternehmen haben. Entsprechend weniger könnte sie dann schuldfrei auszahlen.

Die Geldschöpfungsgewinne durch eine Vollgeld-Umstellung können sich sehen lassen. Jedes Jahr könnte die Geldmenge entsprechend des Wirtschaftswachstums wachsen – es geht also um einige Milliarden! Zusätzlich könnte für die schon bestehende Giralgeldmenge schrittweise die schuldfreie Auszahlung nachgeholt werden. Das heisst, all das „zu Unrecht" durch Geschäftsbanken geschöpfte Geld wird durch neues Geld der Zentralbank ersetzt. Dies ist der größte, aber auch nur einmalige Batzen an Geldschöpfungsgewinn. Damit wird eine bislang ungenutzte Ressource erschlossen, denn die Banken konnten dieses Geld ja nur verleihen und damit Zinsen einnehmen, es aber nicht für eigene Ausgaben verwenden, wie es der Staat nach der Vollgeld-Umstellung kann. Im Laufe vieler Jahre könnten auf diese Weise öffentliche Mehreinnahmen von etwa 5 Billionen Euro oder 300 Milliarden Franken entstehen. Diesen enormen Geldbetrag könnten die Zentralbanken dann Bürgern, Wirtschaft oder dem Staat auszahlen.

Jetzt gibt`s Vollgeld und was ändert sich für die Bankkunden?

Es ist 7 Uhr. Der Wecker klingelt. Die Vögel zwitschern. Die Sonne strahlt schon. Sie wachen auf – und es gibt Vollgeld.

Was ist anders an diesem Morgen nach der Umstellung auf Vollgeld? Seien sie wachsam! Sie könnten die Umstellung problemlos verpassen, denn eigentlich ändert sich für Sie zunächst fast gar nichts!

Einzelpersonen, Unternehmen oder Vereine spüren wenig von der Umstellung auf Vollgeld. Sie erhalten von ihren Banken zwar erklärende Briefe und AGB-Änderungen – aber das war´s schon. Bleiben die Briefe ungelesen, kann man trotzdem weitermachen wie bisher.

Alle Sparkonten mit längerer Kündigungsfrist, Sparbriefe und alle anderen Geldanlagen bleiben unverändert – ebenso alle Konten in Fremdwährungen sowie alle Kredite von Banken.

Die einzig wesentliche Veränderung findet auf den Girokonten statt. Mit der Umstellung auf Vollgeld werden alle Guthaben auf Girokonten in Eigentum des Kontoinhabers umgewandelt und außerhalb der Bankbilanzen wie Wertpapierdepots weitergeführt. Sie sind damit keine Forderungen an Banken mehr. Da auf dem Girokonto nun richtiges Geld ist, nämlich Vollgeld, nennen wir es nun „Geldkonto".

Der tagtägliche Umgang bleibt gleich. Online-Banking, Überweisungen, Kartenzahlungen, Barabhebungen etc. funktionieren genauso wie bisher.

Die Banken bieten die Kontoverwaltung als Dienstleistung an. Das Geld auf den Konten bringt ihnen keine Vorteile, sie müssen ihre Arbeit also durch Gebühren finanzieren. Diese werden aber nicht höher sein als heute, denn der Aufwand ist identisch. Sieben bis zehn Euro im Monat sind nach Studien kostendeckend. [14] Kostenlose Geldkonten wird es vermutlich nicht mehr geben.

Diese Geldkonten sind so risikolos wie Bargeld. Niemand braucht mehr aus Angst vor einem Bankencrash Geldscheine zu verstecken. Man kann jederzeit über sein Geld verfügen oder das Geldkonto zu einer anderen Bank übertragen.

Da das Geld auf dem Konto nur einem selbst gehört, bekommt man dafür keine Zinsen, genauso wenig wie für das Bargeld in der Hosentasche. Da heute die Verzinsung für Giroguthaben schon nahe null ist, fällt das kaum auf.

Auch die bisherigen Tagesgeldkonten werden zinslos, hier hat man tatsächlich einen Zinsverlust. Wer das nicht möchte, kann das Geld der Bank leihen.

Mit dem Sparkonto der Bank Geld leihen

Ein Sparkonto, auch Anlagekonto genannt, ist ein Kredit an die Bank. Das Geld ist erst nach der jeweiligen Kündigungsfrist wieder verfügbar. Beim Anlagekonto wird Geld angelegt, so dass jemand anderes damit arbeiten kann. Beim Konkurs einer Bank stehen die Anlagekonten wie bisher im Risiko – dafür erhält der Kontoinhaber Zinsen. Mit Vollgeld ist das Risiko nicht höher als heute. Die bestehenden Einlagensicherungssysteme gibt es auch nach der Umstellung auf Vollgeld. Diese sichern Anlagekonten bis 100.000 Euro oder Franken ab.

Nach der Umstellung auf Vollgeld werden die Banken stärker auf Anlagegelder angewiesen sein als heute, um Kredite vergeben zu können. Deshalb werden sie Anstrengungen unternehmen, um Geld anzuziehen. Neben normalen Anlagekonten wird es vermutlich auch solche mit speziellen Risikoprofilen, Zinssätzen und Verwendungszwecken geben: zum Beispiel zur Verwendung für sichere Baukredite mit maximal 60 Prozent Beleihung des Immobilienwertes bei niedriger Verzinsung oder für riskantere Kredite an Unternehmensgründungen mit höherer Verzinsung oder Anlagekonten für Investitionskredite in regenerative Energien. Entsprechend kann der Kunde auf die Verwendung seines Geldes Einfluss nehmen. Langfristig angelegtes Geld ist für die Kunden unflexibel, deshalb wird es vermutlich auch Sparzertifikate geben, die an Börsen zum gegenwärtigen Kurswert verkauft werden können, wenn unvorhergesehener Finanzbedarf besteht.

Kredite gibt es wie bisher

Wer einen Kredit von der Bank wünscht, bekommt ihn wie bisher, solange er entsprechende Sicherheiten liefert. Kredite für Investitionen oder Konsum werden immer ausreichend vorhanden sein. Die Zentralbank kann eine auftretende Kreditklemme jederzeit durch neues Vollgeld beheben, das sie Banken zum Weiterverleihen zur Verfügung stellt.

Jedoch kann es bei Krediten für spekulative Finanzanlagen (in Aktien, Derivaten, Wertpapieren, Immobilien) zu Engpässen und damit höheren Zinsen kommen, wenn die Banken dafür ihre eigenen Finanzierungsquellen ausgeschöpft haben, aber von der Zentralbank keine Darlehen dafür bekommen. Eine gewisse Begrenzung ist notwendig, um Finanzblasen zu verhindern und die Wirtschaft stabil zu halten.

Bürgerdividende von der Zentralbank

Neues Vollgeld soll auch durch schuldfreie Übergabe an den Staat oder an die Bürgerinnen und Bürger in Umlauf gebracht werden. Es könnte also irgendwann passieren, dass wir alle an Weihnachten eine schöne Summe von der Zentralbank auf unseren privaten Geldkonten finden.

Welche Summe kann man hier erwarten? Die Zentralbanken entscheiden selbst, wieviel schuldfreies Geld sie in Umlauf bringen. Deshalb kann niemand sagen, wie viele Milliarden es insgesamt sein werden. Über die Verwendung der Gelder, die an den Staat ausgeschüttet werden, entscheidet das Parlament. Ziemlich sicher wird es dazu äußerst unterschiedliche Vorstellungen geben: Die einen wollen Steuersenkungen, andere mehr öffentliche Leistungen oder eine Bürgerdividende. Man wird streiten und Kompromisse finden, von jedem etwas. In der Umstellungsphase ist eine über Jahre gestaffelte Bürgerauszahlung pro Kopf von einigen Tausend Euro oder Franken denkbar, danach weiterhin von jährlich einigen Hundert.

Die Schweizerinnen und Schweizer haben durch einen Volksentscheid zum Vollgeld schon bald die Möglichkeit außerordentliche Weihnachtsgeschenke von der Nationalbank zu bekommen. Die Bürgerinnen und Bürger des Euro-Raums werden vermutlich länger darauf warten müssen, bis sie Überweisungen von der EZB erhalten. Denn die Schuldenberge der EU-Staaten sind auch relativ an den Einwohnern gemessen viel höher als in der Schweiz. Diese abzubauen wird Vorrang haben.

Geht Vollgeld den Banken ans Portemonnaie? Was ändert sich für die Finanzinstitute?

Während Kunden die Vollgeld-Umstellung folgenlos verschlafen könnten, haben die Banken etwas mehr Arbeit. Sie müssen interne Arbeitsabläufe, Software und Kundenkommunikation anpassen. Die meisten Banken profitieren davon. Genossenschaftsbanken, Sparkassen oder Kantonalbanken verhalten sich heute schon oft so, als ob es Vollgeld gäbe, denn einem überwiegenden Teil der vergebenen Kredite steht eine entsprechende Einlage von Kundengeldern gegenüber. Anders bei Großbanken mit viel Eigenhandel und Investmentgeschäft – ihnen wird Vollgeld weniger gelegen kommen.

Banken haben auch Vorteile durch Vollgeld:
- Die Umstellung auf Vollgeld ist technisch sehr einfach.
- Die Geschäftsfelder der Banken bleiben gleich.
- Es gibt keine finanziellen Nachteile durch die Umstellung auf Vollgeld.
- Der Abbau von Bürokratie und Bankenregulierung wird möglich.
- Banken werden entschuldet und Risiken aus dem Interbankenmarkt verringert.
- Die systemische Benachteiligung von kleineren Banken gegenüber Grossbanken entfällt.
- Bankmitarbeiter und Kunden verstehen das Geschäftsmodell der Banken wieder.

Die Änderungen im Einzelnen:

Die Umwandlung der Girokonten ist technisch sehr einfach.

Die Umstellung der Giroguthaben in Vollgeld ist für die Banken nur eine Bilanzumbuchung. Anstatt ihren Kunden schulden sie nun den gleichen Betrag der Zentralbank. Für diese neuen Darlehen werden die Zentralbanken zunächst denselben Zinssatz verlangen, der zuvor für Girokonten üblich war. Für die Banken entstehen also keine Mehrkosten. Das ist notwendig, um Banken vor hohen Zinslasten zu bewahren, die sie nicht weitergeben können.

Normalerweise bekommen Banken Zentralbankdarlehen nur, wenn sie entsprechende Wertpapiere als Sicherheit hinterlegen. Darauf wird in diesem Fall weitgehend verzichtet werden müssen, da die Banken für die hohen Summen keine Sicherheiten stellen können. Stattdessen sollte diese ungesicherten Darlehen von den Banken zügig getilgt werden.

Rückführung der Zentralbankkredite.

Im Laufe der Jahre müssen die Banken die Zentralbankkredite tilgen. Um dies anzuregen, kann die Zentralbank die Zinsen schrittweise erhöhen. Die Rückführung der gesamten Zentralbankkredite benötigt vermutlich Jahrzehnte. Letztlich sollte die Zentralbank nicht mehr Hauptfinanzier der Banken sein.

Banken müssen Kredite vorfinanzieren.

Banken machen mit Vollgeld das, was sie schon immer getan haben: Kredite vergeben, den Zahlungsverkehr abwickeln und Vermögen verwalten. Der Unterschied: sie dürfen kein elektronisches Buchgeld mehr herstellen.

Deshalb muss das gesamte Geld, das sie verleihen oder investieren wollen, vorher auf ihren eigenen Konten sein. Heute können sie Kredite einfach vergeben und müssen sich erst danach um eine geringe Refinanzierung kümmern. Das geht nach der Vollgeld-Reform nicht mehr. Wenn auf dem Konto der Bank Ebbe herrscht, kann sie keine Kredite auszahlen. Banken müssen sich also intensiver um ihre Finanzierung kümmern also heute.

Banken haben viele Finanzierungsquellen.
Banken können neue Kredite an Kunden sowie die Tilgung ihrer Zentralbankschulden aus vielen Quellen finanzieren. Es wird keinen Geldmangel für Kredite geben:

Zentralbankguthaben: Banken haben bei der Zentralbank aufgrund der Mindestreservepflicht, dem Zahlungsverkehr oder dem Umtausch von ausländischen Währungen oftmals beträchtliche Guthaben. Diese werden mit der Umstellung auf Vollgeld auf einen Schlag frei und können für die Tilgung von Zentralbankdarlehen oder die Vergabe neuer Kredite an Kunden verwendet werden. Bisher konnten die Banken ihre Zentralbankguthaben nicht frei verwenden, da das bestehende Geldsystem aus zwei getrennten Buchgeld-Kreisläufen besteht. Das ändert sich mit Vollgeld, es gibt nur noch das Buchgeld der Zentralbank. Entsprechend erhöht sich die Geldmenge und es ist zunächst zu viel Geld im Umlauf. Dieses muss von der Zentralbank abgeschöpft werden, damit die Kredit- und Finanzmärkte nicht überhitzen.

Entsprechend könnte zum Beispiel die Schweizerische Nationalbank verlangen, dass ein erheblicher Teil der Giroguthaben der Banken bei ihr – das waren 2016 immerhin 404 Milliarden Franken – zur Tilgung der Umstellungsschuld in Höhe von 493 Milliarden Franken genutzt wird.

Weiterverwendung von Tilgungen der Kundenkredite: Die Banken haben täglich hohe Zahlungseingänge durch Tilgungen aus Kundenkrediten. Mit diesem Geld können neue Kredite finanziert werden. Die bestehende Gesamtmenge an Krediten kann allein durch die Wiederverwendung der Tilgungen gehalten werden.

Neue Einlagen in Anlagekonten: Je mehr Geld von Kunden auf Anlagekonten eingezahlt wird, umso mehr Geld steht den Banken zur Verfügung. Da es auf Geldkonten keine Zinsen gibt, wird freies Geld gerne auf Anlagekonten eingezahlt werden.

Bankanleihen: Banken können Anleihen herausgeben und so von Pensionsfonds, Versicherungen und anderen Anlegern Geld einsammeln.

Interbankenkredite und Geldmarktfonds: Zum Liquiditätsausgleich wird es wie bisher funktionierende Geldmärkte geben. Banken können Geld von anderen Banken oder Fondsgesellschaften ausleihen und so flüssig bleiben.

Weiterverwendung von Tilgungen der Staatsschulden: Mit den Auszahlungen der Nationalbank können die Staaten Schulden tilgen. Dieses Geld geht entweder direkt zu Banken oder zu anderen Investoren, die nach neuen Anlagemöglichkeiten suchen und es deshalb auch Banken anbieten.

Neue Darlehen der Zentralbank: Falls es doch einmal zu einer Kreditunterversorgung käme, kann die Zentralbank das jederzeit ausgleichen, in dem sie zusätzliche Darlehen an Banken vergibt.

Keine Auswirkungen auf Gewinne der Banken.
Mit der Umstellung auf Vollgeld müssen die Banken nun jeden Kredit und jede Investition vollständig vorfinanzieren. In Zeiten der Null- und Negativzinsen entstehen ih-

nen dadurch keine höheren Kosten. Es ist für die Bank egal, ob sie kostenlos selbst Geld herstellt oder es zu null Prozent bei der Zentralbank leiht. Für die Banken ist die Zinsdifferenz wichtig, das heisst, wieviel Aufschlag können sie bei der Vergabe von Krediten gegenüber ihren Kosten erzielen.

Aber auch, wenn die Nullzins-Phase einmal vorbei ist, könnte Vollgeld für die Banken von Vorteil sein. Prof. Joseph Huber, Vater der Vollgeld-Reform, schreibt dazu: „Es ist keineswegs ausgemacht, dass die Banken in einer Vollgeld-Ordnung im Endergebnis weniger Gesamtgewinn machen, nur weil sie ihren Extragewinn aus der Giralgeldschöpfung verlieren. Auch wenn die Banken es zunächst nicht wahrhaben wollen: eine Vollgeld-Ordnung wird die Finanz- und Realwirtschaft stabilisieren, damit auch das Bankengeschäft und seine Gewinne, und damit auch die internationale Wettbewerbsposition der Banken. »Den Banken«, so schon Irving Fisher, »geht es gut, wenn es ihren Kunden gut geht«." [15]

Banken müssen vom Staat nicht mehr gerettet werden. Vollgeld reduziert die Notwendigkeit für „too-big-to-fail"-Staatsgarantien, da der Zahlungsverkehr von den Banken unabhängig wird und die Banken untereinander entflochten werden. Deshalb kann der Staat Banken in Konkurs gehen lassen, ohne dass der Zahlungsverkehr beeinträchtigt würde. Das sollte bei den Banken dazu führen, dass sie ihr Risikomanagement verbessern und weniger Risiken eingehen.

Der Abbau von Bürokratie und Bankenregulierung wird möglich.

Die Basel-Richtlinien und die Auflagen der Finanzaufsicht sowie der Zentralbanken sollen sicherstellen, dass die Banken ausreichend Eigenkapitalpuffer für Verluste haben, damit der Staat weniger schnell als Garant einspringen muss. Die komplizierten Regeln führen aber zu Fehlsteuerungen und erfüllen ihren Zweck nicht. Wenn die Staaten Banken nicht mehr retten müssen, kann das überkomplizierte und nach Ansicht der meisten unabhängigen Fachleute untaugliche Regelwerk massiv vereinfacht werden. Dies wird besonders die kleinen und mittelgroßen Banken entlasten.

Banken werden entschuldet und Risiken aus dem Interbankenmarkt verringert.

Die Vollgeld-Reform beugt Finanzcrashs vor, indem eine Reduzierung der Verflechtungen der Banken untereinander erreicht wird. Im heutigen Geldsystem haben die Banken zur Abwicklung des Zahlungsverkehrs untereinander sehr viele Forderungen und Verbindlichkeiten, die zwischen 25 und 35 Prozent ihrer Bankbilanzen ausmachen. [16] Damit sind die Banken sehr stark voneinander abhängig mit der Gefahr von Dominoeffekten. Das Zusammenbrechen des Interbankenmarktes war der Auslöser der weltweiten Finanzkrise 2008. Diese Risiken entfallen weitgehend.

Mit Vollgeld kann die gegenseitige Verschuldung der Banken massiv getilgt werden, denn es braucht den Interbankenmarkt nicht mehr für den Zahlungsverkehr, sondern nur noch für „echte Kredite". Die Verschuldung zwischen Banken kann vermutlich auf ein Drittel schrumpfen. Entsprechend weniger Kreditrisiken sind vorhanden. Vollgeld entschuldet die Banken.

Die systemische Benachteiligung von kleineren Banken gegenüber Grossbanken entfällt.

Die heutige Giralgeldschöpfung der Banken begünstigt die großen Players wegen des höheren Anteils des Zahlungsverkehrs zwischen internen Positionen (Bankkunden unter sich). Wenn neu geschöpftes Geld im Kontenkreis einer Bank bleibt und nicht zu anderen Banken abfliesst, muss es nicht refinanziert werden. Deshalb haben große Banken gegenüber kleinen Banken spürbar geringere Refinanzierungskosten. Daraus erklärt sich auch, warum in der Bilanz der Schweizer Großbanken den 100 % Kreditforderungen und Investitionen nur 56 Prozent auf Zeit angelegte Kundeneinlagen gegenüberstehen, während es bei den Schweizer Raiffeisenbanken etwa 88 Prozent sind. [17] Großbanken müssen sich eben weniger um die Refinanzierung kümmern und haben dadurch einen finanziellen Vorteil gegenüber Kleinbanken.

Bankmitarbeiter und Kunden verstehen das Geschäftsmodell der Banken wieder.

Wie die meisten Menschen, wissen selbst Banker vielfach nicht, woher das Geld kommt und wie Geschäftsbanken an der Geldschöpfung beteiligt sind. Unser heutiges Geldsystem ist viel zu kompliziert, dagegen ist Vollgeld ganz einfach. Je mehr die Kunden und Bankmitarbeiter die Geldschöpfung und Tätigkeit der Banken wieder verstehen, umso mehr Vertrauen und Sicherheitsgefühl kann entstehen – und das ist die Grundlage des Bankgeschäfts.

Wie die Wirtschaft von einer Vollgeld-Reform profitiert

Unmittelbare Auswirkungen hat die Umstellung auf Vollgeld für Wirtschaft und Industrie nicht. Alle Entscheidungen über die Versorgung mit Geld werden von der Zentralbank getroffen, sie steuert die Geldmenge, gewährleistet das Funktionieren des Zahlungsverkehrs und die Versorgung der Geschäftsbanken mit Darlehen, damit ein ungestörtes Wirtschaftsleben stattfinden kann. Das heisst, alle eventuellen negativen Auswirkungen auf die Wirtschaft wären nur aufgrund von gravierenden Fehlentscheidungen der Zentralbanken möglich und auch nur, wenn sie stur an ihren Kursen festhalten würden und nicht auf die Auswirkungen achten würden. Umgekehrt gilt es auch für alle positiven Wirkungen. Das schuldfrei in Umlauf gebrachte Geld – sei es über die Bürgerdividende oder den Bund und Länder oder Kantone – würde überwiegend in die Realwirtschaft fließen und diese stärken. Aber ob und wieviel Geld die Zentralbank auf diesem Weg auszahlt, hängt allein von ihrer Entscheidung ab. Sie kann nun unmittelbarer als bislang in die Steuerung der Konjunktur eingreifen.

Geschäftsbanken sind private, gewinnorientierte Unternehmen, sie verfolgen ihre eigenen Interessen, nicht die der Allgemeinheit. Deshalb hat heute in allen Staaten der Welt die Geldproduktion der Banken nichts mehr mit der Realwirtschaft zu tun. Die Geldmenge wächst um ein Vielfaches gegenüber der Wirtschaft. Finanzblasen und Inflation sind die Folgen. Private Banken fühlen sich schlicht nicht dafür verantwortlich, die Geldmenge im richtigen Verhältnis zum Bruttosozialprodukt zu halten. Es ist auch nicht ihre Aufgabe! Es ist Aufgabe des Staates sein Geld im Zaun zu halten.

Von 1999 bis 2012 kam in der Euro-Zone jedes Jahr 8 Prozent zusätzliches kaufkräftiges Geld in Umlauf (Geldmenge M1). Dieses zusätzliche Geld ermöglichte ein reales Wirtschaftswachstum von 1,4 Prozent (BIP) und trieb die Verbraucherpreise um durchschnittlich 2,1 Prozent hoch. Damit war für die Inflation der Vermögensgüter jährlich 4,5 Prozent zusätzliches Geld vorhanden. Das Geldmengenwachstum fütterte also die Spekulationsblasen mit Aktien, Immobilien, Edelmetallen, Unternehmensübernahmen, Währungen und Derivaten.

In der Schweiz lief es ähnlich. Das jährliche Wachstum der Geldmenge M1 von 1990 bis 2012 betrug 7,8 Prozent. Dieses zusätzliche Geld führte zu 1,4 Prozent realem Wirtschaftswachstum und 1,5 Prozent Inflation der Verbrauchsgüter. Für die Inflation der Vermögensgüter standen jährlich 5 Prozent mehr Geld zur Verfügung. [18]

Dieses Überschießen der Geldmenge ist eine Folge der Privatisierung der Geldschöpfung. Denn dadurch werden zwei Funktionen vermischt: Die Geldversorgung der Wirtschaft im öffentlichen Interesse und der Wettbewerb im Kreditmarkt im privaten Interesse.

„Die Banken folgen ihrem Eigeninteresse. Gesamtwirtschaftlich manövrieren sie im Blindflug", schreibt Joseph Huber. [19]

In Boom-Phasen ist es im öffentlichen Interesse, die Steigerung der Geldmenge zu begrenzen. Doch die Banken können das nicht, denn sie müssen, um sich gegen die Konkurrenten zu behaupten, zusätzliche Kredite vergeben und ihre Bilanzen und Gewinne vergrößern. 2007 drückte der Vorstandsvorsitzende der Citibank, Chuck Prince, dies sehr plastisch aus: „Solange die Musik spielt, musst Du aufstehen und tanzen." [20]

In den Abschwung-Phasen ist es im Interesse der Öffentlichkeit, die Geldmenge zu erhöhen, um die wirtschaftlichen Zusammenbrüche abzufedern. Doch auch das können die Banken nur schlecht. Denn sie machen in Krisen hohe Verluste und müssen jedes weitere Risiko vermeiden. Die Zentralbanken versuchten nach 2008, durch Niedrigzinsen und Anleihekäufe dieses Unvermögen der Banken auszugleichen.

Besser ist, wenn Geld nur von den demokratisch legitimierten Zentralbanken erzeugt wird. Nur diese können – frei von betriebswirtschaftlichen Eigeninteressen – das Wohl der Volkswirtschaft im Auge behalten.

Finanzspekulationen und Vollgeld

Vollgeld stärkt die Realwirtschaft, kann Finanzspekulation zwar eindämmen, aber nicht vollständig verhindern.

Durch Vollgeld gelangt Geld schuldenfrei über Staats- oder Bürgerausgaben in die Realwirtschaft. Das heute über Bankkredite in Umlauf gebrachte Geld dient hingegen mehrheitlich der Finanzspekulation.

Zusätzlich kann die Zentralbank die Kreditvergabe durch Auflagen steuern: Sie kann Kredite an das Bankensystem mit der Anforderung verbinden, dass diese Gelder nur für Investitionen in der Realwirtschaft verliehen werden dürfen. Am 5. Juni 2014 beschloss beispielsweise die Europäische Zentralbank bis zu 400 Milliarden Euro an Zentralbankkrediten, die nur zur Finanzierung von Krediten an Unternehmen verwendet werden dürfen.

Ein wichtiger Effekt des Vollgeldes ist, dass Banken ihre Spekulationen nicht mehr selbst finanzieren werden können, da sie nun Spargelder oder Investoren brauchen, denn sie werden kein Geld mehr für den Eigenhandel oder für Spekulationskredite erzeugen können.

Ein wesentlicher Treiber von Finanzblasen entfällt somit. Nur wenn die Sparer zustimmen (und damit ein größeres Risiko eingehen), können ihre Gelder weiterhin in die „Spekulation" fließen.

Eigenverantwortung und Mitbestimmung ist gefragt: Nicht mehr die Allgemeinheit haftet bei Krisen, sondern nur die Menschen, welche bereit waren, das Risiko einzugehen.

Durch die Verringerung von Staatsschulden und dem damit verbundenem Wegfall von Zinszahlungen in Milliardenhöhe, fließt weniger Geld an die Reichen. Diese Zinsen auf Kosten der Steuerzahler gehen im bestehenden System im Wesentlichen an die oberen zehn Prozent Wohlhabende, da sie die hauptsächlichen Kreditgeber sind. Diese kontinuierliche Umverteilung wird durch die Vollgeld-Reform beendet.

Um das Geld dauerhaft in der Realwirtschaft zu halten, reicht aber Vollgeld nicht aus. Dazu bräuchte es weitere Gesetze und ein Umdenken in der Gesellschaft.

Zinsniveau und Vollgeld

Früher war der Leitzins ein wichtiges Steuerungsmittel der Zentralbank, um die Kreditvergabe und damit die Geldmenge zu beeinflussen. Diese Lenkung wäre mit Vollgeld nicht mehr notwendig, da die Zentralbank die Geldmenge direkt steuern würde, indem sie zum alleinigen Erzeuger von Geld wird. Das heißt, für eine zukünftige Erhöhung des Leitzinses gäbe es im Vollgeldsystem keinen Grund mehr.

Zwar müssen die Banken bei Krediten an Kunden natürlich einen Aufschlag zum Leitzins der Zentralbank verlangen, um ihre Kosten zu finanzieren. Doch durch den direkten Wettbewerb in der Marktwirtschaft sind die

Banken gezwungen, Kredite zu günstigen Konditionen anzubieten. Wenn eine Bank einen zu hohen Aufschlag verlangt, bekommt sie keine Kreditkunden.

Nach der Vollgeld-Reform wird neu emittiertes Geld auch zinsfrei über den Staat und die Bürgerinnen und Bürger in Umlauf gebracht. Damit fallen auf dieses Geld keine Zinsen an, was die Volkswirtschaft entlastet. Dagegen kommt heute Geld überwiegend durch Bankenkredite in Umlauf, für die Zinsen bezahlt werden müssen. In dem Volumen wie Geld schuldfrei in Umlauf gebracht wird, reduziert sich die öffentliche und private Verschuldung. Das gesamte System wird stabilisiert, es gibt weniger Kreditausfälle und die Risikoprämie sowie der davon abhängige Zinssatz können sinken.

Wenn das allgemeine Zinsniveau doch einmal zu stark steigen würde, weil das Angebot an Krediten die Nachfrage deutlich übersteigt, könnte die Zentralbank jederzeit den Banken zusätzliches Geld bereitstellen und damit das Zinsniveau wieder senken.

Kreditversorgung und Vollgeld

Zu einer Kreditklemme kann es durch die Einführung von Vollgeld nicht kommen, da die umlaufende Geldmenge gleich bleibt. Außerdem kann die Zentralbank jederzeit frisches Geld zur Verfügung stellen, um die Ausstattung der Wirtschaft mit ausreichenden Krediten zu gewährleisten.

Eine Kreditklemme ist auch deshalb kein Problem, da Schweizer wie Deutsche jedes Jahr mehr sparen als investieren, sie haben die höchsten Sparquoten der Welt. Entsprechend gibt es in beiden Ländern einen gewaltigen Überhang an anlagesuchenden Geldern und damit genügend Spargelder für Kredite.

Unternehmen werden also nach wie vor Kredite bekommen. Ein stabiles Finanzsystem ist für Unternehmen essentiell und das Vollgeld-System ist wesentlich sicherer und stabiler als das heutige System.

Inflation und Vollgeld

Inflation würde nur entstehen, wenn sie von der Zentralbank gewünscht wäre. Sie kann Spekulationsblasen und Preisinflation wirkungsvoll vorbeugen, indem sie die Geldmenge in Übereinstimmung mit dem realwirtschaftlichen Entwicklungspotenzial steuert. Eine monetäre Null-Inflation wird mit Vollgeld möglich, eine Inflation z. B. durch Verteuerung von Rohstoffen bliebe aber bestehen. Zu diesem Ergebnis kommt auch eine Studie des IWF („Chicago Plan revisited"). [21]

Internationaler Wettbewerb und Vollgeld

Die isolierte Einführung einiger Länder von Vollgeld führt keineswegs zu wirtschaftlicher Isolation oder Wettbewerbsnachteilen. Denn ein Euro bleibt ein Euro, ein Franken ein Franken. Fremdwährungen können wie bisher in Euro oder Schweizer Franken getauscht werden. Vollgeld ändert nichts am heute üblichen Devisenhandel, der sowieso mit Zentralbankgeld, also Vollgeld, stattfindet.

Ob sich Vollgeld auf den Wechselkurs auswirkt, ist nicht vorhersehbar. Wird die Währung wegen der größeren Sicherheit attraktiver oder wird sie wegen den geringeren Spekulationsmöglichkeiten unattraktiver? In jedem Fall hat die Zentralbank alle Möglichkeiten in der Hand, den Wechselkurs auf einem gewollten Niveau zu halten.

Die Vorteile des Vollgeldes

Mit der Vollgeld-Reform würde unser Geldsystem endlich eine verständliche und demokratisch kontrollierte Ordnung bekommen. Dieses Aufräumen hätte gewaltige Auswirkungen, Probleme würden gelöst, die bislang unlösbar schienen. In diesem Kapitel wollen wir die Vorteile des Vollgeldes detailliert zusammenfassen.

Vollgeld ist einfach & verständlich

Mit der Umstellung des Buchgeldes auf Vollgeld bekommen wir das Geldsystem, von dem die meisten meinen, dass wir es schon hätten. Ein einziger Satz reicht, um Vollgeld zu verstehen: „Allein die Zentralbank schöpft Vollgeld in Form von Münzen, Papiergeld und Buchgeld und bringt es über die Staatsausgaben oder Auszahlung an uns BürgerInnen in Umlauf."

Im Gegensatz zum bisherigen Geldsystem, das selbst Banker in seiner Komplexität oft nicht mehr verstehen, ist das Vollgeld-System durch seine Einfachheit demokratietauglich. Das ist sehr wichtig, denn das Geldsystem gehört uns BürgerInnen.

Vollgeld ist so sicher wie Bargeld

Vollgeld ist Zentralbankgeld und deshalb so sicher wie Bargeld. Es gehört ausschließlich dem Kontoinhaber, wie die Geldscheine und Münzen im Geldbeutel. Es ist keine Forderung mehr gegenüber der Bank und deshalb vor Bankenpleiten absolut geschützt – Politik und Öffentlichkeit sind durch Bankenkrisen nicht mehr erpressbar.

Bei der vergangenen Finanzkrise wollte der deutsche Versicherungskonzern Talanx zur Absicherung seiner Gelder und aus Misstrauen gegenüber den privaten Banken ein Konto bei der Bundesbank beantragen – aber diese lehnte ab. Zu Talanx gehören HDI, Gerling und die Hannover Rück. Mit jährlichen Prämieneinnahmen von etwa 20 Milliarden Euro ist der Konzern ein Schwergewicht der Versicherungsbranche. Seine notwendigen liquiden Mittel von mehreren hundert Millionen Euro liegen auf normalen Bankkonten. Talanx vertraute aber den privaten Einlagensicherungen der Banken nicht, da diese viel zu gering sind und nicht einmal bei der „Insolvenz einer Bank mittlerer Größe ausreichen würde." Die gesetzliche Einlagensicherung des Staates geht nur bis 100.000 Euro – das hilft großen Unternehmen nicht weiter. [22]

Die Europäische Zentralbank oder die Schweizer Nationalbank können hingegen niemals insolvent gehen. Als Geldproduzenten sind sie immer liquide, eine Zahlungsunfähigkeit ist auch nach hohen Verlusten ausgeschlossen. Zentralbanken sind vom Konkursrecht ausgenommen. Deshalb ist ein Konto bei einer Zentralbank das sicherste Konto der Welt. Talanx wollte auf Nummer Sicher gehen. Talanx versuchte mit einer Klage, sein Bundesbankkonto durchzusetzen – bis 2003 waren Konten für Unternehmen bei der Bundesbank möglich gewesen, wurden dann aber ohne Erläuterung seitens der Bundesbank abgeschafft. Die Klage war vergeblich. Die Bundesbank kann Konten anbieten, muss aber nicht, entschied das Verwaltungsgericht Frankfurt im Februar 2010. „Eine Pflicht zur Kontoführung ließe sich für die Bundesbank allenfalls dann ableiten, wenn der Zahlungsverkehr zusammenzubrechen drohe." [23]

Diese Schlappe vor Gericht gab nun wiederum Managern von Siemens zu denken. Sie suchten einen Ausweg und gründeten findig im Dezember 2010 einfach eine eigene Bank und kamen so zu einem Zentralbankkonto. Im September 2011 hat Siemens laut Medienberichten eine halbe Milliarde Euro von einer französischen Bank – angeblich Société Générale – abgezogen und bei der Siemens Bank verwahrt. Grund dafür war, dass die Ratingagentur Moody's zuvor die Bonitätsnote des Pariser Instituts herabgestuft hatte. Das veranlasste Siemens, das Geld in Sicherheit zu bringen. [24]

Vollgeld schafft freien Wettbewerb und Gerechtigkeit

Wer gegen staatliche Subventionen und für einen funktionierenden Wettbewerb in der Wirtschaft ist, sollte für Vollgeld sein. Denn unser heutiges Geldsystem stört den freien Wettbewerb aus drei Gründen beträchtlich.

Banken sind gegenüber allen anderen Unternehmen im Vorteil – denn Banken können eigenständig Geld erzeugen, sie können ihre Produktionsmittel herstellen ohne dafür zu bezahlen! Andere Unternehmen und Privatpersonen können dies nicht. Übernimmt eine Bank beispielsweise eine Immobilie von einem Verkäufer, dessen Konto sie führt, braucht sie nicht mit verdientem Geld zu bezahlen. Sie kann den Kaufpreis einfach aus dem Nichts auf das Konto des Verkäufers schreiben und benötigt dafür bloß wenige Prozent gesetzliche Zahlungsmittel.

Deshalb ist der Eigenhandel bei Großbanken so beliebt. In den letzten Jahrzehnten gab es eine Verlagerung vom normalen Kreditgeschäft zum Investmentbanking. Die Banken können Aktien, Derivate, Rohstoffe oder Devisen mit selbst geschöpftem Geld auf eigene Rechnung einkaufen – alle anderen Unternehmen müssen das Geld, das sie investieren, erst verdienen oder verzinslich leihen. Das heißt also: Investments von Banken rentieren sich schneller als von anderen Unternehmen.

Damit werden die Regeln des freien Wettbewerbs grob verletzt. Wenn man sich zum Vergleich klarmacht, dass im Euro-Raum Bürgermeister mit der Wettbewerbsaufsicht Probleme bekommen, wenn sie Aufträge an regionale Handwerker vergeben und nicht europaweit ausschreiben, ist diese staatliche Subvention der Banken eine unfassbare Wettbewerbsverzerrung.

Großbanken sind gegenüber Kleinbanken im Vorteil

Selbst unter den Banken kommt es zu einer gewaltigen Wettbewerbsverzerrung. Je größer eine Bank ist, je mehr Kunden und Kundengelder sie verwaltet, desto weniger Geschäfte muss sie mit anderen Banken machen und umso größer ist ihr eigenes Geldterritorium. Damit bleibt neu erzeugtes Geld eher im Bereich der eigenen Bank und diese kann den Zinsgewinn aus der Geldschöpfung behalten. Bei kleinen Banken mit kleinem Geldterritorium ist das anders. Wenn sie neues Geld herstellen, fließt dieses – aufgrund eines kleineren Kundenstamms – verstärkt zu anderen Banken ab und der Zinsgewinn geht stärker verloren. Dies erschwert auch die Gründung neuer Banken, praktisch gibt es kaum Neugründungen. Diese Markteintrittsbarriere behindert den Wettbewerb.

Großbanken haben Staatsgarantie (too-big-to-fail)

Zur Aufrechterhaltung des Zahlungsverkehrs und wegen der starken Abhängigkeit der Banken untereinander kann sich kein Staat leisten, Großbanken in Konkurs gehen zu lassen. Für Gläubiger von Banken ist das Ausfallrisiko also begrenzt. Deshalb können große und systemrelevante Banken billiger Kredite aufnehmen als kleine Banken oder alle anderen Mitbewerber am Finanzmarkt.

Durch diese verdeckten staatlichen Subventionen der Banken und speziell der Großbanken werden die Regeln des freien Wettbewerbs grob verletzt. Mangels freien Wettbewerbs nimmt aber die Effizienz der Banken ab. Mit Vollgeld wird die Wettbewerbsgleichheit wiederhergestellt. Es entfällt der Vorteil der Geldherstellung für Banken gegenüber Nicht-Banken, von Großbanken gegenüber Kleinbanken und die „too-big-to-fail"-Garantie des Staates. Neue Banken können leichter auf den Markt kommen, spezialisierte Profile herausbilden und das Geschäft beleben. Wenn die Banken nur noch das Geld verleihen können, das sie sich selbst geliehen haben, sind sie mit anderen Wirtschaftsunternehmen gleichgestellt, die für ihre Vorprodukte oder Rohstoffe bezahlen müssen.

Vollgeld rentiert sich für den Staat

Die schuldfreie Auszahlung von Vollgeld ist eine intelligente und sparsame Art, Geld in Umlauf zu bringen. Alle Gewinne aus der Geldschöpfung kommen der Allgemeinheit zugute. Der Staat leiht sich das elektronische Geld nicht mehr von den Banken, sondern die staatliche Zentralbank stellt dieses selber her. Holt man das für die bestehende Geldmenge nach – man kann es nicht oft genug sagen –, so sind im Euro-Raum bis zu 5 Billionen Euro und in der Schweiz bis zu 300 Milliarden Franken Extra-Geldschöpfungsgewinn möglich. Zukünftige Erhöhungen der Geldmenge aufgrund des Wirtschaftswachstums führen zu weiteren Auszahlungen in Milliardenhöhe ganz ohne Inflationsgefahr. Das Beste dabei ist: Durch diesen intelligenten Umgang mit Geld wird niemandem etwas weggenommen, sondern es wird ein bisher ungenutztes Potential dem Staat erschlossen.

Es kann jedoch nicht gesagt werden, wann und wie viel schuldfreies Geld die Zentralbank auszahlen wird, das entscheidet sie je nach Situation. Die Zentralbank ist unabhängig und wie ein Gericht „im Namen des Volkes" nur dem Gesetz verpflichtet. Parteien und Regierungen oder Lobbyisten haben keinen Einfluss auf die Zentralbank. Die Zentralbank steuert die Geldmenge allein nach geldpolitischen Überlegungen und aufgrund ihres gesetzlichen Auftrages: Sie hat im wesentlichen drei Aufgaben, sie muss die Preisstabilität, das Funktionieren des Zahlungsverkehrs sowie die Kreditversorgung der Wirtschaft gewährleisten.

Nun gibt´s Geld im Überfluss – was machen wir damit?

Für den Euro-Raum und die Schweiz sollte hier unterschiedlich verfahren werden.

In der Schweiz könnten das Parlament oder das Volk bei den jährlichen Budgetplanungen entscheiden, inwieweit das Geld in staatliche Leistungen, Steuersenkungen oder direkte Auszahlungen an Bürgerinnen und Bürger fließt. Sinnvoll wäre es als erstes, die Schulden von Staat, Kantonen und Gemeinden in Höhe von etwa 200 Milliarden Franken zu tilgen, dann stehen Jahr für Jahr 5 Milliarden Franken an eingesparten Zinsen zur Verfügung.

Das führte zu einem neuen Schweizer Rekord: erster schuldenfreier Staat. Es könnten aber auch Steuern gesenkt oder die staatliche Rentenkasse aufgefüllt werden. Außerdem wäre eine Bürgerdividende pro Kopf von einigen hundert Franken denkbar.

Für Deutschland und die anderen Euro-Staaten schlagen wir ein gesetzlich vorgeschriebenes Gebot zur Tilgung von Staatsschulden vor. Denn im Gegensatz zur Schweiz haben die Bürgerinnen und Bürger in diesen Ländern praktisch keinen Einfluss auf die öffentlichen Haushalte und die Schuldenberge sind wahrhaft bedrohlich hoch, so dass deren Tilgung Priorität haben sollte.

Reduktion der Staatsverschuldung

Mit einem Umstellungsgewinn von 5 Billionen Euro, der im Laufe vieler Jahre anfiele, könnten im Euro-Raum und in Deutschland etwa 60 Prozent der Staatsschulden zurückgeführt werden (siehe Tabelle weiter unten im Text). Die Staatsentschuldung durch Vollgeld hat keine Nebenwirkungen: keine Steuererhöhungen, keine Sparpakete, keine Inflation, keine Enteignungen. Und wenn man es geheim hielte, niemand würde bemerken, dass die Schulden auf einmal weg sind. Vollgeld ist unsere Chance, die gigantischen Staatsschuldenberge abzubauen!

Die üblichen Strategien zur Staatsentschuldung funktionieren nicht

In der deutschen und europäischen Politik wurde bislang der Abbau der Staatsschulden nicht wahrhaft in Angriff genommen. Es gibt zwar einzelne Gemeinden ohne Kredite und Bayern strebt Schuldenfreiheit an. Doch eine allgemeine Staatsentschuldung gilt als undenkbar, denn die herkömmlichen Mittel schlagen nicht an.

Das hohe Wirtschaftswachstum als Resultat der ökonomischen Nachkriegsdynamik ist nicht wiederholbar, ein Gesundwachsen nicht möglich. Starke Sparmaßnahmen und Steuererhöhungen würden zu Depression führen. Viele Euro-Staaten leiden schon jetzt an der Sparpolitik, die Jugendarbeitslosigkeit liegt in den Südländern bei erschreckenden 50 Prozent, Demonstrationen und Proteste sind die Folge. Kürzen Staaten die Gehälter und Pensionen und vergeben weniger Aufträge, fehlt Kaufkraft – ein Abwärtstrend setzt ein. An Griechenland konnte man sehen, wie die Wachstumsprognosen immer wieder nach unten revidiert werden mussten, da diese Negativspirale viel stärker als vermutet wirkte.

Bliebe noch ein Schuldenschnitt der Staatsschulden als Ausweg – doch der würde das Weltfinanzsystem zusammenbrechen lassen. Würden die Euro-Staaten ihre Schulden irgendwann einfach nicht zurückzahlen, gingen Banken, Versicherungen, Pensionsfonds und viele Unternehmen bankrott und wir hätten eine schreckliche Weltwirtschaftskrise. In Griechenland und Zypern waren Schuldenschnitte verdaubar, da die Länder vergleichsweise klein sind. In der Euro-Zone als Ganzes ist das undenkbar.

Auch Inflation hilft nicht zur Entschuldung, denn bei höherer Inflation (z. B. bei 5 %) verlangen die Gläubiger höhere Zinsen (z. B. 7 %), um den Preisverfall auszugleichen. So stehen einer Entwertung der Schulden höhere Zinskosten entgegen, dem verschuldeten Staat hilft das nichts. Stattdessen würden höhere Zinsen die Realwirtschaft stark belasten und abwürgen. Deshalb versuchen die Zentralbanken, die Inflation und die Zinsen niedrig zu halten.

Mit der Einführung von Vollgeld hingegen, könnten sich die Staaten ohne Nebenwirkungen entschulden.

Da mit einer stabilen Geldmenge die Konjunktur in ein ruhiges Fahrwasser käme, können die Staaten ihre Konjunkturpolitik zurückfahren. Eine harmonische Ordnung des Geldwesens würde korrigierende Einzeleingriffe des Staates ersetzen.

Um ein späteres Wiederanwachsen der Schuldenberge zu vermeiden, braucht es aber mehr Kontrolle und mehr Einfluss durch direkte Demokratie bei den Staatsfinanzen. Hier kann Europa viel von der Schweiz lernen, wo die öffentlichen Finanzen durch dezentrale Verantwortung und direkte Demokratie kontrolliert werden.

Entschuldung einzelner Länder
Die Übersicht verdeutlicht, wie weit die Länder mittels Vollgeld Schuldenberge abtragen und wie viele Zinsen sie jährlich einsparen könnten.

Entschuldung einzelner Staaten
In der folgenden Übersicht sieht man, wie weit einzelne Staaten mit Vollgeld Schuldenberge abtragen und wie viele Zinsen sie jährlich einsparen könnten. Für eine solche Entschuldung bedürfte es eines längeren Zeitraums.

Land	Schulden 2011 in Mrd.	in % BIP	Minus M1 Vollgeld in Mrd.	Rest-schulden in % BIP	Zins-einsparung Mrd./Jahr
Belgien	361	98	−168	52	5,9
Deutschland	2.088	81	−1.314	30	42,5
Frankreich	1.717	86	−987	37	29,9
Griechenland	280	132	−136	68	7,3
Irland	169	108	−77	59	2,4
Italien	1.897	120	−867	65	34,7
Österreich	217	72	−135	27	4,8
Portugal	184	108	−121	37	4,4
Schweiz	205	35	−268	0	5,1
Spanien	734	68	−576	15	20,2

Völlig **schuldenfrei** könnten werden: Bulgarien, Dänemark, Estland, Finnland, Luxemburg, Malta, Norwegen, Schweden, Slowakei, Slowenien, Tschechien.

Genaue Berechnung und Quellen unter: www.vollgeld.info/staatsentschuldung

Vollgeld macht EU-Bürokratie überflüssig

Mit Vollgeld wird viel Zentralismus, Bevormundung und Bürokratie überflüssig (wie zum Beispiel der Euro-Rettungsschirm, Bankenunion, Basel III), mit denen die EU auf die Finanzkrise reagierte. Auch in der Schweiz rollte eine Bürokratie-Welle über die Banken.

In den Basel III Richtlinien sind die Eigenkapitalanforderungen der Banken geregelt. Andrew Haldane ist Executive Director der Bank of England und bringt das Problem auf den Punkt:

1988 wurde erstmalig ein Regulierungsstandard für international tätige Banken verabredet. Die Basel-I-Vereinbarungen waren damals 30 Seiten lang. Die Berechnungen, was mit Eigenkapital und zu welchem Anteil unterlegt werden muss, wurden immer komplizierter. Die Basel-II-Vereinbarungen von 2004 hatten 347 Seiten, also das Zehnfache. Die Basel-III-Vereinbarungen von 2010 bringen es auf 616 Seiten, also noch einmal das Doppelte. Haldane bemerkt, „die Länge des Basel-Regelwerkes untertreibt seine Komplexität." Denn eine große Bank muss heute zur Berechnung der Basel-III-Anforderungen mehrere Millionen Daten erheben! Nach einer Studie von McKinsey braucht eine mittelgroße Bank 200 Vollzeitstellen, um die neuen Basel-III-Anforderungen zu erfüllen. Europaweit werden dadurch an die 70.000 neue Arbeitsplätze geschaffen – eine absurde Arbeitsbeschaffungsmaßnahme.

Andrew Haldane: „Die moderne Finanzwelt ist komplex, vermutlich zu komplex. Die Regulierung der modernen Finanzwelt ist komplex, ziemlich sicher zu komplex. Diese Konfiguration erzeugt Schwierigkeiten. So wie man Feuer nicht mit Feuer bekämpft, bekämpft man

Komplexität nicht mit Komplexität. Denn Komplexität erzeugt Unsicherheit und Risiken. Das erfordert eine regulatorische Antwort, die auf Einfachheit gegründet ist, nicht in Komplexität." [25]

Vollgeld ermöglicht der Zukunft Europas eine neue Richtung. Anstatt eines hektisch installierten bürokratischen Superstaates – der viele ängstigt – kann sich ein Europa mit Vollgeld und souveränen Regionen in Ruhe entwickeln. Hoffentlich passen die Basel-Richtlinien irgendwann wieder auf 30 Seiten ...

Schaffung einer handlungsfähigen Zentralbank

Derzeit können die Zentralbanken die Geldmenge nicht direkt steuern, sondern versuchen, durch die Höhe des Leitzinses indirekt darauf Einfluss zu nehmen. Das funktioniert nur schlecht, denn die Zinshöhe ist nur ein Faktor unter vielen bei Kreditentscheidungen. Mit Vollgeld hingegen entscheiden allein die Zentralbanken, wie viel Geld in Umlauf kommt und haben damit nun den alleinigen, unmittelbaren Einfluss auf die Geldmenge.

Eindämmung von Finanzblasen

Finanzkrisen entstanden immer durch ein Aufblähen der Geldmenge mittels Bankkrediten. Damit wurden die Spekulationsblasen gefüttert bis zum Platzen – das Tal der Tränen folgte. Mit der Vollgeld-Reform ist das nicht mehr möglich, denn die Banken können kein Giralgeld mehr erzeugen, sondern nur noch Geld weiter verleihen, das es schon gibt. Die Zentralbank kann die Geldmenge genau steuern, Finanzblasen verhindern und das Wachstum der Geldmenge an die Realwirtschaft anpassen. Für spekulative Immobilien- und Aktienblasen auf Kredit geht dann den Märkten bald der verfügbare Geldtreibstoff aus. Wenn die Spekulationskassen leer sind, ist die Party vorbei. Unser heutiges Geldsystem hat vor allem Gaspedale, mit Vollgeld bekommen wir endlich eine Bremse und ein funktionierendes Steuerrad. Konjunktur- und Börsenzyklen verlaufen dann moderater. Stabilere Finanzmärkte und eine stabilere Realwirtschaft werden möglich.

Vollgeld verringert die Kluft zwischen Arm und Reich

Seit Jahrzehnten werden in den meisten Industrieländern die Reichen immer reicher, während die Einkommen der Armen stagnieren. Einkünfte aus Kapitalanlagen nehmen zu, Einkommen aus Arbeit ab. Das gilt für Deutschland und abgemildert auch für die Schweiz. Diese aufgehende Einkommensschere zerstört auf Dauer den sozialen Frieden.

Die OECD stellt fest, dass in fast allen europäischen Ländern die Ungleichheit zugenommen hat, auch in Deutschland: [26] „Mit durchschnittlich 57.300 Euro verdienten die obersten zehn Prozent der deutschen Einkommensbezieher im Jahr 2008 etwa achtmal so viel wie die untersten zehn Prozent (7400 Euro). In den 90ern lag das Verhältnis noch bei 6 zu 1, der aktuelle OECD-Durchschnitt ist 9 zu 1."

„Zunehmende Ungleichheit schwächt die Wirtschaftskraft eines Landes, sie gefährdet den sozialen Zusammenhalt und schafft politische Instabilität – aber sie ist nicht unausweichlich", sagte OECD-Generalsekretär Angel Gurría. Die OECD empfiehlt vor allem mehr und bessere Ausbildung, um „die Lohnungleichheit zu begrenzen und gleichzeitig die Beschäftigungsraten zu erhöhen". [26] Außerdem sollten die Regierungen durch Steuer- und Sozialreformen für einen Einkommensausgleich sorgen.

Das ist natürlich nicht falsch, aber ob es ausreicht? Dies war bereits die offizielle Strategie der letzten Jahrzehnte, doch die Einkommensungleichheit hat trotzdem zugenommen. Es ist sinnvoll, den Blick auf Ursachen zu weiten, die man bislang übersah.

Ungleichheit durch Schuldgeldsystem

Die bestehende Geldschöpfung der Banken ist dafür eine wichtige, meist übersehene Ursache. Damit Geld in Umlauf kommt, müssen sich die Staaten verschulden und dafür Zinsen bezahlen, die vor allem den oberen Einkommensschichten zufließen, in Deutschland jährlich bis zu 40 Milliarden Euro, in der Schweiz 5 Milliarden Franken. Mit Vollgeld kann diese Umverteilung von unten nach oben durch den Staat aufhören. Durch die schuldfreie Auszahlung von Vollgeld, muss niemand mehr dafür bezahlen, damit Geld in Umlauf kommt.

Außerdem entzieht Vollgeld der Kredit gehebelten Spekulation und Bildung von Finanzblasen den Boden. Entsprechend weniger leistungslose Einkommen sind möglich und die Kluft zwischen Arm und Reich verringert sich.

So sind mit Vollgeld weniger Schulden in der Gesellschaft nötig; weniger Menschen geraten in eine Schuldenfalle und eine Spaltung der Gesellschaft kann gemildert werden.

Übergroße Vermögen erdrücken die Realwirtschaft.
1980 entsprachen die globalen Finanzvermögen noch in etwa der jährlichen Wirtschaftsleistung. 2007 haben sie das BIP um ein Vierfaches überstiegen! Das weltweite Anlagevermögen von 200 Billionen US-Dollar ist also viel heiße Luft, dem keine tatsächlichen, greifbaren Werte und wirtschaftliche Aktivitäten gegenüberstehen. Doch da sich die Vermögen trotzdem vermehren sollen, drängen sie in rentierliche Finanzanlagen.

Wachstum des Anlagevermögens hat sich von Realwirtschaft entkoppelt

Das weltweite Anlagevermögen ist seit 1980 fast vier mal so schnell gewachsen wie die Realwirtschaft.

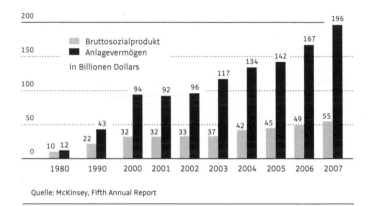

Quelle: McKinsey, Fifth Annual Report

Eine andere sehr interessante Zahl stellt der Zuwachs der Vermögenseinkommen in Deutschland dar. Bis 2007 belief sich dieser jährlich auf 6 bis 10 Prozent. Die Erwerbseinkommen verringerten sich im selben Zeitraum dagegen in einer Spanne zwischen minus 0,7 bis minus 3,3 Prozent. [27]

Wachstumsfreiheit statt Wachstumszwang

Die Geldschöpfung durch Bankkredite führte seit der Industrialisierung mit dem daraus resultierenden steigenden Finanzbedarf zur Abhängigkeit der Unternehmen von Investoren. Deren hohe Gewinnerwartungen führen wiederum zu stetigem Wachstumsdruck. Es gibt keine ruhige Mitte, in unserem Geldsystem ist eine nicht wachsende Wirtschaft instabil. Wir sind zum Wachstum verdammt – doch die Natur ist begrenzt. Das ist eine Ursache der ökologischen Krise.

Dagegen steht Vollgeld, dadurch dass es durch Staatsausgaben in Umlauf kommt, zur Verfügung, ohne dass sich jemand verschulden muss. Entsprechend erhöht sich nun – im Vergleich zum Schuldgeldsystem – das Eigenkapital aller Unternehmen, staatlicher Einrichtungen und Privatpersonen. Folglich haben Unternehmen mehr Möglichkeiten, selbst Eigenkapital aufzubauen, und sind weniger auf fremde Investoren angewiesen. Infolgedessen ist ein Wandel von Aktiengesellschaften zu Genossenschaften oder Unternehmensstiftungen leichter. Familienunternehmen können eher bestehen. Je weniger fremde Eigentümer eines Unternehmens vorhanden sind, umso geringer ist der Gewinndruck und umso mehr ist nachhaltiges Wirtschaften möglich. Mit Vollgeld erhalten wir eine ruhige Mitte – auch eine nicht-wachsende Wirtschaft kann stabil bleiben. Statt Wachstumszwang gibt es Wachstumsfreiheit. Durch eine maßvolle Erhöhung der Geldmenge durch die Zentralbank kann die Wirtschaft gesund wachsen. Mensch und Natur werden geschont.

Das ist auch der Grund, warum eine Vollgeld-Reform wichtiger Bestandteil der *Postwachstumsökonomie* ist, wie sie zum Beispiel von Prof. Niko Paech und vielen anderen formuliert wird. [78]

Warum dürfen private Firmen eigentlich unser Geld herstellen?

Schaut man sich das heutige Geldsystem genauer an, kommt man aus dem Kopfschütteln nicht heraus. Wer hat sich das nur ausgedacht und beschlossen? So merkwürdig es klingt: Niemand!

Doch es gibt viele Faktoren, die dazu führten, dass sich die Geldherstellung private Banken unter den Nagel reißen konnten. Diese Ursachen schauen wir uns nun einmal genauer an.

Doch zum besseren Verständnis geht´s ganz kurz zunächst ein paar Schritte zurück in die Vergangenheit.

Über Jahrhunderte bezahlten Könige, Fürsten, Kantone und Städte einen Teil ihrer Ausgaben durch selbst geprägte Münzen. In der zweiten Hälfte des 19. Jahrhunderts entdeckten dann auch die Banken das profitable Geschäft der privaten Geldherstellung und es entstand ein Wildwuchs von immer mehr Papiergeld. Banken druckten eigene Noten, verliehen diese gegen Zinsen und machten damit gute Gewinne. Da sie laufend zu viel Geld druckten, kam es immer wieder zu Finanzkrisen.

Die Staaten beruhigten die Finanzmärkte und holten sich den Geldschöpfungsgewinn zurück, indem sie das Banknotenmonopol einführten: England 1844 und Deutschland 1875. Das Schweizer Stimmvolk verbot 1891 den Banken das Drucken von Geldscheinen und übergab dem Bund das Notenmonopol.

Doch schließlich wurden die Münzen und das Papiergeld von einer neuen Geldart verdrängt – dem elektronischen Giralgeld. Anfang des 20. Jahrhunderts hatten nur Firmen und einige Privatpersonen ein Girokonto, heute fast jeder. Kreditkartenzahlungen fanden in den 1960–70er Jahren allgemeine Verbreitung, Girokartenzahlungen in den 80ern, Onlinebanking in den 90ern. Insofern verwundert es kaum, dass Banken in den letzten zwanzig Jahren mit großer Energie darauf drängen, den Zahlungsverkehr zunehmend rein elektronisch abzuwickeln und heute am liebsten das Bargeld ganz abschaffen würden.

... schlicht vergessen

Nach der Durchsetzung des Banknotenmonopols hat sich um das neue Giralgeld niemand mehr gekümmert. Wir haben schlicht vergessen, das Bundesbankgesetz, die EU-Verträge und die Schweizer Verfassung anzupassen!

Für das Banken-Giralgeld gibt es tatsächlich keine Gesetzesgrundlage. In den Europäischen Verträgen, den Staatsverfassungen und den Zentralbankgesetzen ist nur das Münz- und Papiergeld geregelt. Über Giralgeld steht dort nichts geschrieben. Eine drastische Gesetzeslücke!

Deshalb ist Giralgeld auch kein allgemein gültiges, gesetzliches Zahlungsmittel, sondern entspricht einem Rabattgutschein.

Hinter diesem Schweigen der Gesetze steht, dass es niemals eine politische Diskussion und ein Gesetzgebungsverfahren zum Banken-Giralgeld gegeben hat. Sogar als mit der Euro-Einführung die nationalen Zentralbanken zur EZB zusammengeführt wurden, diskutierte niemand die Fragen der Geldschöpfung. Es gibt keine Täter. Es gibt aber sehr viele Unterlassungs-Täter – den Banken ist dies Recht, sie verdienen an der Giralgeldschöpfung sehr gut.

Der Finanzbedarf der Industrialisierung ist viel älter als die meisten Demokratien, doch Vollgeld benötigt demokratisches Bewusstsein.

Das heutige Bankengeldsystem entwickelt sich seit etwa 300 Jahren – unsere Demokratien entstanden mehrheitlich erst nach dem Zweiten Weltkrieg. Davor gab es Königreiche, Diktaturen und Scheindemokratien wie die Weimarer Republik, in der die verschiedenen Parteien Privatarmeen hatten, die sich gegenseitig bekämpften und massakrierten. Demokratische Ausnahmen waren die Schweiz und die USA. In den USA standen die Bürger staatlichen Eingriffen eher ablehnend gegenüber und hatten zunächst nichts gegen eine Geldherstellung durch private Banken einzuwenden. Es gab also historisch betrachtet zum Bankengeld keine Alternative, denn Vollgeld ist nur mit funktionierender Demokratie und Gewaltenteilung möglich.

Deshalb musste sich zunächst das Bankengeldsystem entwickeln. Das war mit der Industrialisierung im 18. Jahrhundert sogar unumgänglich, da der Geldbedarf rasant wuchs. Damals wurden nur Münzen als richtiges Geld angesehen. Durch die Gold- und Silberdeckung wurde ein Missbrauch des Geldschöpfungsrechts gebändigt. Das war nötig, denn demokratische Kontrollorgane gab es kaum. Die Edelmetallbindung war über Jahrhunderte ein Segen, nun wurde sie zum Problem, denn sie limitierte die mögliche Geldmenge. Die Industrielle Revolution verlangte Geld, viel Geld zur Vorfinanzierung der Fabriken und Eisenbahnen. Eine Aufhebung der gewohnten Edelmetalldeckung war für die damalige Zeit nicht denkbar. Und eine demokratisch legitimierte und gesteuerte Geldschöpfung war damals – im 18. und 19. Jahrhundert – auch nicht möglich, denn es gab ja noch gar keine Demokratien und unabhängige Zentralbanken. Also blieb nur der Weg einer verschleierten Geldschöpfung durch die Banken, die immer mehr Papiergeld druckten. Als sie es damit übertrieben, wurde ab 1844 das Banknotenmonopol der Zentralbanken eingeführt, die Schöpfung von Giralgeld aber nicht geregelt. Also fingen die Banken an, vermehrt Giralgeld zu erzeugen.

Heute, im 21. Jahrhundert, ist diese geschichtliche Notwendigkeit des Bankengeldes schon lange vorbei. Wir haben ausgewachsene Demokratien und unabhängige Zentralbanken, die die Aufgabe der Geldschöpfung verantwortlich erfüllen können.

Unsere Geldordnung entsprach also in ihrer Entstehung den politischen und sozialen Bedingungen des 19. Jahrhunderts. Aus Gewohnheit und mangelnder Phantasie, sich eine neue zeitgemäße Geldordnung vorzustellen, blieb es dabei. Aber das passt für das 21. Jahrhundert nicht mehr und sollte deshalb neu gegriffen werden.

Doch damit tun sich unsere Politiker erst einmal schwer. Sie fanden die alte Praxis der Bankengeldschöpfung vor, verstanden sie oft nicht und dachten sich nichts dabei. Auch kennen die wenigsten Politiker die Geldgeschichte.

Hinzu kommt eine kleine, aber sehr einflussreiche Lobby, die von der Bankengeldschöpfung profitierte: Dazu gehören alle Bankbesitzer sowie Finanzinvestoren und Spekulanten, die große Mengen an neu geschöpftem Kreditgeld für ihre Geschäfte brauchen. Da Politiker und Staaten immer von der Hochfinanz abhängig waren, kann man vermuten, warum das Thema ausgespart blieb und gesetzgeberisch nichts passierte.

Geld als Ware

Verstärkend wirkt sich aus, dass im heutigen Zeitgeist fast alles zur Ware erklärt wird. Saatgut, Wasser, Luft, Hausarbeit, Kindererziehung, Pflege, alles wird kommerzialisiert. Da alles nur noch Ware ist, fällt es gar nicht auf, wenn man auch Geld zur Ware macht anstatt zu einem sozialen Gut. Heute wird Geld in der Währungsspekulation billionenfach gekauft und verkauft. Das ist ein Missbrauch unseres Zahlungsmittels, doch in der Öffentlichkeit stört das fast niemand.

Wenn Geld nur eine Ware ist, ist es ein privates Gut, und dann macht es auch nichts, wenn es privat erzeugt wird – so die innere Logik. Geld ist aber ein öffentliches Gut.

Versagen der Wissenschaft

Es gibt noch einen weiteren Nährboden, der die Privatisierung der Geldschöpfung ermöglichte: In der universitären Welt ist die seltsame Ansicht verbreitet, das Geldsystem sei neutral und habe keine Ziele. Deshalb untersuchte man die Funktion und Wirkungen des Geldsystems erst gar nicht.

Dem ging eine tragische Entwicklung der akademischen Ökonomie in den letzten hundert Jahren voraus. Unter dem Deckmantel einer „wissenschaftlichen Objektivität" spielten Werte und Ziele keine Rolle mehr und so hat sich die herrschende Volkswirtschaft zum Steigbügelhalter der Interessen einer Finanzoligarchie entwickelt.

Der britische Autor James Robertson schreibt: „Viele der heutigen »Experten« in Ökonomie und Finanzen haben es sehr schwer zu akzeptieren, dass die Definition eines Zieles des weltweiten Finanzsystems für ihre professionelle Arbeit notwendig ist."

Um das zu illustrieren: Die angesehene London School of Economics (LSE) hatte eine große Geldsumme von Gaddafi angenommen. Als dies publik wurde, schrieb Lord Kalms, House of Lords, am 8. März 2011 in der Tageszeitung „The Times": „Um 1991 bot ich der London School of Economics eine Spende von einer Million Pfund an, um einen Lehrstuhl für Wirtschaftsethik einzurichten. John Ashworth, zu dieser Zeit Direktor der LSE, unterstützte diese Idee, aber er hatte mir zu schreiben, dass die Fakultät das Angebot abgelehnt hat, da sie keine Verbindung zwischen Wirtschaft und Ethik sehe."

Die London School of Economics merkte 2011 dann doch, dass Ethik eine gewisse Rolle spielt, denn der Skandal ihrer Finanzierung durch Gaddafi schlug solche Wellen, dass der LSE-Direktor zurücktreten musste. Aber über Jahrzehnte hinweg arbeitete die Universität auf der Basis, dass Wirtschaft und Moral nichts miteinander zu tun haben!

„Diese Einstellung ist absurd. Sie besagt, dass Ökonomie nicht dazu da sei, jemandem zu helfen, irgendetwas zu tun – weder das eine noch das andere, weder das Gute zu tun noch das Schlechte zu vermeiden. Wenn Ökonomie einen Einfluss auf menschliche Entscheidungen hat, entsteht automatisch die Frage, ob der Einfluss gut oder schlecht ist. In der Tat entstehen solche und weitere wichtige ethische Fragen immer, doch in der dominierenden Richtung in der akademischen Ökonomie wurde trainiert, diese zu ignorieren", so James Robertson, Autor des Buchs „Future Money". [29]

Es ist als Mensch gar nicht möglich, der Moral zu entkommen, denn alles, was man tut, hat Auswirkungen auf andere. Wenn die herrschende Ökonomie von sich behauptet, „wissenschaftlich" zu sein, und sich deshalb von Ethik distanziert, so ist sie nicht ohne Ethik, sondern dient nur Zielen, die man nicht offen aussprechen will. Wenn die Frage der sozialen Wirkung ausgeklammert wird, kann man mit dem Geld machen, was man will. Damit bereitete die herrschende Ökonomie einem Finanzkapitalismus den Weg, der nur das Ziel verfolgt, aus Geld noch mehr Geld zu machen, egal wie sich das auf Mensch und Natur auswirkt.

Zum Glück sind auch hier die Dinge im Wandel. In den letzten Jahren konnte sich an den Universitäten zunehmend das Fach Wirtschaftsethik etablieren. Leider führt es noch ein Randdasein.

Es gibt also viele Gründe, warum wir die Geldherstellung privaten Unternehmen überlassen haben. Der wichtigste Grund aber fehlt noch: Es wurde systematisch verschleiert, so dass fast niemand davon weiß.

Die Technik der Verschleierung

Über die Giralgeldschöpfung der Banken ist ein magischer Mantel der Verschleierung gelegt. Das ist der wichtigste Grund, warum es diese gibt. Wenn man den Bürgerinnen und Bürgern die Frage stellen könnte: „Wollen Sie, dass die Euro-Staaten oder die Schweiz auf die Schöpfung von Giralgeld verzichten und stattdessen jährlich 170 Milliarden Euro oder 5 Milliarden Franken Zinsen bezahlen?", würde man sicherlich ein sehr klares „Nein" erhalten. Jeder sieht, dass es ein sehr schlechtes Geschäft ist. Tatsächlich findet es aber statt. Wie ist das möglich? Wir haben es hier mit einer langfristig angelegten, kollektiven Täuschung zu tun, die viele Ursachen hat. Ein Blick auf die zahlreichen Methoden der Verschleierung:

Verschleierung Nr. 1: Das Geldsystem ist überkompliziert.

Diktaturen verhindern unangenehme öffentliche Diskussionen, indem sie die Presse zensieren, Journalisten verhaften und Regimekritiker einsperren – eine Hau-Drauf-Methode. Es geht aber auch eleganter und unter Wahrung der Menschenrechte: In Demokratien kann man öffentliche Diskussionen durch Informationsüberflutung, Teilinformationen und undurchschaubare Komplexität verhindern.

Genauso ist es bei unserem Geldsystem. Die Menge an täglichen, unverarbeitbaren Meldungen, Bruchstücken und Meinungen verwirrt die Menschen, so dass die meisten resigniert und entmutigt abschalten. Auch Politiker und Wissenschaftler scheinen überfordert. Gleichzeitig machen Politik und Bürokratie alles immer noch komplizierter, anstatt einfache und transparente Strukturen zu schaffen. Dieser Schleier der Verwirrung ist ein schleichend entstandenes Phänomen. So fällt die Verschleierung nicht auf. Ermöglicht wurde das durch ein Versagen unserer Wissenschaft.

Verschleierung Nr. 2: Verschweigen.

Wir haben hunderttausende studierte Volkswirte und Banker. Das sollten eigentlich die Fachleute des Geldsystems sein, die es verstehen und erklären können. Doch meistens haben sie in ihren Ausbildungen gar nicht gelernt, wer Geld herstellt und wie.

Das ist skandalös! Die Universitäten haben die Verpflichtung gegenüber der Gesellschaft, die relevanten Zusammenhänge des Lebens zu untersuchen und darüber aufzuklären. Warum verschweigen viele Professoren die Geldschöpfung durch die Banken? Vermutlich, da sie selbst nichts darüber gelernt haben und sich nicht die Mühe machten zu recherchieren. Sie sind zunächst Opfer des kollektiven Verschweigens und werden dann zu dessen Verursachern. Bemerkenswert ist, dass oftmals auch Zentralbanker nicht klar darüber sprechen, dabei müssten sie es aufgrund ihrer täglichen Arbeitspraxis besser wissen. In der öffentlichen Kommunikation erzeugen sie den Eindruck, dass das Geld alleine von der Zentralbank geschöpft wird, und tragen damit zur Verschleierung bei.

Verschleierung Nr. 3: Theorie der multiplen Geldschöpfung.
Aus Diktaturen und in Kriegen sind gezielte Desinformationskampagnen bekannt, um die Aufmerksamkeit fehlzuleiten. Ähnlich wirkt die „Theorie der multiplen Geldschöpfung", die oft das Einzige ist, was Studenten zu diesem Thema bekommen.

Der Kern dieser Theorie ist, dass Geld auf seinem Weg von Hand zu Hand öfters verliehen werden kann, genauso wie man mit Geld öfters einkaufen kann. Dazu ein Beispiel: Kunde 1 zahlt bei der Bank 100 Euro bar auf sein Girokonto ein. Die Bank behält 1 Euro als Reserve und verleiht 99 Euro an Kunde 2 und zahlt es diesem bar aus. Dieser geht einkaufen, so dass es zu Kunde 3 kommt, der es wieder auf sein Girokonto einzahlt. Die Bank behält 1 Euro als Reserve und verleiht 98,- Euro weiter an Kunde 4 und zahlt es diesem bar aus. Damit gibt es jetzt insgesamt 199 Euro Giroguthaben, 197 Euro Schulden, 2 Euro Reserve und 98 Euro Bargeld. Wenn dieses Spiel weitergeht, können sich rechnerisch die Guthaben und die Schulden immer mehr erhöhen. Da man mit Giroguthaben bezahlen kann, entsteht so tatsächlich mehr kaufkräftiges Geld.

Dieses Modell hört sich logisch richtig an, stimmt aber nicht. Denn die Banken brauchen keine eingezahlten 100 Euro, um einen Kredit von 99 Euro zu vergeben, sondern sie erzeugen diesen, wie schon vielfach erwähnt, durch einen Schreibvorgang.

Die „Theorie der multiplen Geldschöpfung" erzeugt stattdessen den Eindruck:

- die Banken verleihen Geld nur weiter, das ihnen zuvor geliehen wurde;
- die Banken schöpfen somit selbst kein Geld – auch wenn verwirrenderweise von „multipler Geldschöpfung" gesprochen wird;
- die Zentralbank kann durch die Höhe der Mindestreserve die Geldmenge steuern;
- die Geldmenge kann nicht außer Kontrolle geraten;
- die Frage der Geldschöpfung ist beantwortet, so dass man nicht auf die Idee kommt, weiter nachzubohren und zum Beispiel die unterschiedliche Entstehung von Münzen, Papiergeld, Zentralbank-Buchgeld und Banken-Giralgeld untersucht.

Damit ist die Desinformation perfekt. Generationen von Volkswirten wurden damit abgespeist – bzw. haben sich damit abspeisen lassen, was genauso erschreckend ist.

Prof. Bernd Senf, Volkswirt an der TU Berlin, beschreibt es sehr plastisch: „Ich weiß noch, wie ich selbst als Student der Volkswirtschaftslehre über die scheinbare Entschlüsselung der Geheimnisse der Geldschöpfung und über die Möglichkeit ihrer mathematischen Formulierung gestaunt habe. Und ich habe die »Theorie der multiplen Geldschöpfung«, wie sie auch genannt wird, jahrelang in meiner Lehrtätigkeit an meine Student(inn)en weitergegeben. Diese Theorie gehört einfach zum

Standardwissen einer volkswirtschaftlichen Ausbildung. Und dennoch: Wenn man sie einmal genau unter die Lupe nimmt und kritisch überprüft, bleibt fast nichts von ihr übrig. Diese Erkenntnis ist mir selbst erst nach und nach gekommen. Mittlerweile betrachte ich diese Theorie als ein anschauliches Beispiel dafür, wie sich das Denken in einer mathematischen Scheinexaktheit verrennen kann und der Blick für die realen Zusammenhänge dabei getrübt wird." [30]

Verschleierung Nr. 4: Der Geldschöpfungsgewinn der Banken ist in den Zinseinnahmen verborgen.

Die Bankengeldschöpfung ist auch deshalb unsichtbar, da der Geldschöpfungsgewinn nirgends ausgewiesen wird. In den Bankbilanzen ist er nicht separat zu finden, sondern versteckt sich hinter vermiedenen Kosten sowie in den Positionen Zinseinnahmen und Gewinnen aus Eigenhandel.

Verschleierung Nr. 5: Sofortige Verfügbarkeit des Giralgeldes.

Damit Banken-Giralgeld mit vollwertigem Zentralbankgeld verwechselt wird, ist das Erlebnis notwendig, Giralgeld ständig in Bargeld tauschen zu können. Die Bargeldautomaten ermöglichen das 24 Stunden täglich. Wenn das über Jahre klappt, gewöhnen sich die Bankkunden daran und machen sich keine weiteren Gedanken. Nur bei Bankenpleiten kann das böse Erwachen kommen. Deshalb gab es nach der Finanzkrise 2008 einen Drang ins Papiergeld.

Verschleierung Nr. 6: Jede Bank hat ihr eigenes Giralgeld, deklariert es aber als Zentralbankwährung.

Ein Giroguthaben bei der Deutschen Bank ist eine Forderung an die Deutsche Bank, ein Giroguthaben bei der Sparkasse ist eine Forderung an die Sparkasse. Jede Bank hat ihr eigenes Geldterritorium, das aus selbst geschöpftem Bankengeld in Form von Forderungen und Verbindlichkeiten besteht. Doch auf dem Kontoauszug steht nur Euro oder Franken, also die Währung der Zentralbank, und nicht „Deutsche-Bank-Geld" oder „UBS-Geld". So wird den Kunden suggeriert, sie hätten Euro oder Franken im Sinne von vollwertigem Zentralbankgeld.

Diese Verwirrung ist möglich, da Geld einerseits Recheneinheit und andererseits Zahlungsmittel ist. Aber auf den Kontoauszügen wird nur die Recheneinheit ausgewiesen, nicht aber das Zahlungsmittel. Deshalb verwechseln die Kunden regelmäßig beides miteinander.

Verschleierung Nr. 7: Geld ist neutral und ein Schleier über der Wirtschaft.

Diese falsche Fährte hat eine lange Tradition. In der klassischen Nationalökonomie spielte die Geldordnung keine Rolle. Das Geld sei nur ein Schleier über den realen wirtschaftlichen Vorgängen. „Störungen, die im monetären Sektor auftreten, übertragen sich nicht auf den realwirtschaftlichen Bereich", hieß es. [31]

Aus heutiger Sicht schüttelt man über solche Ansichten erstaunt den Kopf, erleben wir doch täglich, welche massiven Auswirkungen Störungen des Geldflusses auf die Gesamtwirtschaft haben. Das Geld ist kein Schleier, sondern vielmehr der Blutkreislauf. Wenn in einen Bereich des gesellschaftlichen Körpers kein Geld fließt, beginnt dieser abzufaulen. Wenn sich Geld staut, gibt es gefährliche Entzündungen. Die Geldflüsse sind in der modernen arbeitsteiligen Gesellschaft das zentrale Steuerungsorgan der Wirtschaft.

Unter rationalen Gesichtspunkten ist die Geldschleier-Theorie nicht verständlich. Es geht wohl vielmehr um eine Art religiöses Glaubensbekenntnis. Unter dem Einfluss des Materialismus wollten die alten Ökonomen nur das physisch Greifbare gelten lassen. Geld als soziale Substanz hat für Materialisten keine Bedeutung. Das macht auch verständlich, warum für die Kommunisten die Geldordnung kein Thema war.

Um dieses Glaubensbekenntnis zu erschüttern, brauchte es viel Leid. „Erst in der großen weltweiten Depression der dreißiger Jahre wurde dieser Glaube mit dem ihm zugehörigen wirtschaftspolitischen Vulgärliberalismus begraben. (…) Seither gibt es Konjunkturpolitik als staatliche Aufgabe zur bewussten Gestaltung des globalen Wirtschaftsablaufs." [32] Konjunkturpolitik bedeutet, Fehler einer instabilen Geldordnung nachträglich durch staatliche Eingriffe zu beseitigen. Seither beschäftigen sich Ökonomen und Politiker mit den Möglichkeiten und Grenzen staatlicher Eingriffe in die Wirtschaft.

Trotzdem lebte die Geldschleier-Theorie weiter und führte dazu, dass viele Ökonomen von der Finanzkrise 2008 völlig überrascht waren. Seither bekennt mancher Ökonom reumütig, den Einfluss des Finanzbereichs auf die Realwirtschaft unterschätzt zu haben. Und trotzdem: die Geldschleier-Theorie besteht unvermindert fort. Der Ökonom Mark Joób bemerkt: „Dem Geld wird traditionell eine dreifache Rolle zugesprochen: als Zahlungsmittel beim Kauf von Gütern oder bei der Begleichung von Schulden, als Wertaufbewahrungsmittel und als Recheneinheit, etwa bei der Berechnung zukünftiger Kosten.

Diese traditionelle Beschreibung erweckt den Anschein, als wäre Geld nur ein neutrales Mittel, das der Erleichterung des Wirtschaftens dient. In Wahrheit aber wird unsere moderne Wirtschaft durch das Geldsystem nicht nur ermöglicht, sondern auch gesteuert. Das Geldsystem stellt gewissermaßen die Schaltzentrale der Finanzwirtschaft dar, welche wiederum die Realwirtschaft wesentlich bestimmt." [33]

Die Geldschleier-Theorie wird erst dann tatsächlich der Vergangenheit angehören, wenn die Lehrbücher damit aufhören, das Geld nur auf die Funktionen Zahlungsmittel, Wertaufbewahrungsmittel und Recheneinheit zu beschränken. Das ist der Reality-Check, ob die Mainstream-Ökonomie die Bedeutung des Geldes in der Wirtschaft verstanden hat oder nicht.

Verschleierung Nr. 8: Kognitive Dissonanz

Erfahrungsgemäß fällt es den meisten Menschen schwer, etwas Neues zu denken. Die alten Gedanken erzeugen Sicherheit, Heimat und Selbstwertgefühle und unbewusst fürchtet man, dies alles zu verlieren.

Durch das Verschweigen existiert das Thema „Bankengeldschöpfung" normalerweise nicht in der Denkwelt studierter Ökonomen, Politiker und Journalisten. Werden sie damit konfrontiert, erleben sie zunächst ihre eigene Unkenntnis. Um sich weiter auf das Thema einzulassen, müssten sie zunächst auch seelisch akzeptieren, dass sie sich nicht auskennen. Doch sie haben jahrzehntelang an ihrer Karriere gearbeitet und sind gewohnt, die Welt zu erklären, und nun sollen sie dastehen wie ein Erstklässler? Das wäre nicht schlimm – trotzdem fühlen sich dann viele in ihrer Persönlichkeit so angekratzt, dass sie instinktiv dichtmachen, sich nicht damit beschäftigen und mit fadenscheinigen Gründen abwimmeln. Dies läuft meist unbewusst, selbst das Abwehrverhalten gestehen sie sich nicht ein.

In der Soziologie werden diese Mechanismen „kognitive Dissonanz" genannt. Gedanken, die nicht in das alte Weltbild passen, schmerzen die Seele und diese reagiert mit Abwehr. Die kognitive Dissonanz erklärt weite Strecken der Wissenschaftsgeschichte und der Politik. Nur deshalb konnte sich die Verschleierung der Bankengeldschöpfung über Jahrzehnte in der akademischen Welt halten.

Vollgeld kontrovers

Nun haben wir also eine ganze Menge über Vollgeld erfahren, doch ist es tatsächlich DAS Allheilmittel gegen Finanzcrashs und Staatsverschuldung, Wachstumsdruck und wirtschaftliche Instabilität? Kann ein so einfach gestricktes Geldsystem tatsächlich alle Probleme beheben? Oder ist es in Wahrheit ein riskanter Systemwechsel, der unser Wirtschaftssystem zerstört? Wir wollen nun Antworten auf Einwände geben.

Die Vollgeldreform ...

... ist ein gigantischer Systemwechsel mit unabsehbaren Folgen.

Überhaupt nicht! Vollgeld ist ja nichts Neues, sondern gibt es seit 2000 Jahren in Form von Münzen und seit über 100 Jahren als Banknoten.

Mit der Vollgeldreform wird lediglich das allseits selbstverständliche Banknotenmonopol auf das elektronische Buchgeld ausgeweitet und so an die digitale Entwicklung angepasst. Technisch gesehen wird „privates" durch „öffentliches" Buchgeld ersetzt.

... führt zu einem Untergang der Bankenplätze Schweiz und des Euro-Raums.

Warum sollte eine sichere Währung dem Schweizer Finanzplatz oder dem Euro-Raum schaden?

Alle Banken in der Schweiz und in der Euro-Zone erhielten einen Wettbewerbsvorteil bei der Verwaltung von Kundengeldern gegenüber dem Ausland, da Franken und Euro zum sichersten Geld der Welt werden würden.

Vollgeld fördert das traditionelle und solide Bankgeschäft. Mit Vollgeld können Banken rentabel und langfristig nachhaltig arbeiten. Die Arbeitsplätze in der Bankenbranche bleiben gesichert. Auch Versicherungen und andere Finanzunternehmen arbeiten rentabel, ohne selbst Geld herzustellen.

Vollgeld ermöglicht einen Abbau der Bürokratie im Bankensystem, dies wird zu einem Standortvorteil im globalen Wettbewerb.

... führt zu einer Verunsicherung der Finanzmärkte.

Warum soll sicheres Geld verunsichern? Die Umstellung auf Vollgeld kann ganz sanft und ohne Brüche geschehen, so dass die Banken und Finanzmärkte in den ersten Jahren nichts davon spüren. Dazu müssten die Notenbanken lediglich alle Kreditnachfragen der Banken unbeschränkt bedienen und die Zinsen dafür nicht erhöhen. Dann würde den Banken nicht auffallen, dass sie selbst kein Geld mehr herstellen dürfen. Denn ob eine Bank kostenlos selbst Geld erzeugt oder zu null Prozent Zins von der Notenbank leiht, macht für ihr Geschäft keinen Unterschied.

... führt zu einer Isolierung der Schweiz und des Euro-Raums, wenn diese im weltweiten Alleingang Vollgeld einführen.

Für das Ausland ist es unerheblich, wie Franken und Euro hergestellt werden, ob mit oder ohne Golddeckung, oder ob die Mindestreserven 2, 10 oder 100 Prozent betragen. Entscheidend für das Ausland ist, dass die Zentralbank eine „gute", auf Preisstabilität ausgerichtete Geldpolitik betreibt. Ausländische Geschäftspartner würden die Umstellung überhaupt nicht bemerken. Am heute üblichen Devisenhandel ändert sich nichts, ausländische Währungen können wie bisher getauscht werden.

... führt zu einer Gefährdung der Unabhängigkeit der Nationalbank.

Nein, die Zentralbank ist nur dem Gesetz verpflichtet und somit unabhängig von der Einflussnahme der Politik und der Wirtschaft. Sie kümmert sich nur um die Geldmenge und nicht um einzelne Kreditvergaben oder die Verteilung des Geldes.

... ermöglicht eine Selbstbedienung der Regierung.

Nein, denn die Zentralbank ist wie die Justiz unabhängig und legt die Geldmenge allein nach geldpolitischen Regeln fest. Klare gesetzliche Vorgaben bestimmen ihr Handeln, sie darf von keiner Instanz Weisungen entgegennehmen. Ein politischer Auftrag von Parlament neues Geld zu schaffen, ist damit ausgeschlossen.

Die Geldpolitik der Zentralbank muss dem Allgemeinwohl des Landes dienen, sie steuert die Geldmenge, gewährleistet die Preisstabilität und sorgt dafür, dass weder Geldknappheit noch Geldschwemme entsteht. Kredite der Zentralbank an den Staat sind gesetzlich verboten.

Um politische Begehrlichkeiten einzudämmen, könnte bestimmt werden, dass der Staat Auszahlungen der Zentralbank nur für den schrittweisen Schuldenabbau verwenden darf. Darüber hinausgehende Geldschöpfungserlöse könnten ausschließlich per Bürgerdividende in Umlauf gebracht werden.

Zu beachten ist hier auch, dass die Menge des schuldfrei ausbezahlbaren Geldes auf die Geldmenge beschränkt ist, die langfristig in jedem Fall von der Wirtschaft benötigt wird. Die Notenbank wird also weiterhin einen Großteil des Geldes durch rückzahlbare Bankenkredite in Umlauf bringen.

... birgt das Risiko, dass die Zentralbank die Geldmenge falsch ausweitet.

Wie heute schon, erfasst die Notenbank die volkswirtschaftlichen Daten, hat die besten Statistiken und damit den Überblick.

Die Informationen des Finanz- und Kapitalmarktes fallen in einem Vollgeldsystem nicht weg, diese Märkte arbeiten wie heute und bilden Risikoeinschätzungen und Preise, die in die Berechnung der Geldmenge einfließen.

... verleiht den Zentralbanker eine zu große Machtfülle.

Es ist wichtig, dass die Zentralbank einer demokratischen Kontrolle unterliegt. Einerseits muss die Zentralbank unabhängig von Politik und Wirtschaft sein, gleichzeitig ist sie aber dem Gesetz verpflichtet. Das Zentralbankgesetz ist die konkreteste demokratische Einbindung. Hier kann die Rechenschaftspflicht der Zentralbank gegenüber dem Parlament und der Öffentlichkeit geregelt werden und die Kriterien, nach welchen die Geldmenge zu bestimmen ist, können näher beschrieben werden. Eine demokratische Einbindung geht natürlich nur soweit, wie es ein entwickeltes demokratisches Umfeld gibt. Hier gibt es auf EU-Ebene bekanntermaßen noch viel zu tun ...

Fake-Diskussion über Vollgeld in der Schweiz

Die Gegner des Vollgeldes tun sich wirklich schwer, Gegenargumente zu finden. Denn was soll dagegen sprechen, dass das Geld auf dem Girokonto echtes Geld und so sicher wie Bargeld wird, gleichzeitig die öffentlichen Einnahmen erhöht werden und wir Bürgerinnen und Bürger hin- und wieder eine Bürgerdividende ausbezahlt bekommen? Hundert Jahre lebten wir bestens damit, dass die Zentralbank unsere Banknoten druckt. Warum soll sie dann nicht auch das heute üblich gewordene elektronische Geld herstellen?

Die Schweizer Vollgeld-Initiative wurde am 1. Dezember 2015 mit über 110.000 gültigen Unterschriften eingereicht. Damit wurde die Hürde zur Durchführung einer Volksabstimmung genommen, die einige Jahre nach Einreichung stattfindet. Da Vollgeld nun ein offizielles Thema ist, positionierten sich deren Gegner, die Schweizer Bankiervereinigung und der Wirtschaftsverband economiesuisse. Auch die Schweizer Regierung sprach sich in ihrer Botschaft vom 9. November 2016 gegen die Vollgeld-Initiative aus.

Die Argumentation dieser drei Institutionen beruht darauf, dass durch Vollgeld die Schweizerische Nationalbank (SNB) gezwungen würde, wider besseren Wissens Geld in so großem Umfange schuldfrei auszuzahlen, dass sie die Kontrolle über Zinsen und Wechselkurs verliere, die Geldwertstabilität des Schweizer Franken gefährde und Bund und Kantone mit so viel Geld überschütte, dass diese von der SNB abhängig würden. Das hört sich natürlich bedrohlich an und diese Stimmung soll auch erzeugt werden, denn ohne deftige Angstkampagne besteht keine Chance, dass die Schweizer Bevölkerung Vollgeld ablehnt.

Dies ist eine reine Fake-Diskussion. Denn der Verfassungstext der Vollgeld-Initiative schreibt der SNB gar keine konkrete Geldpolitik vor, sondern überträgt ihr lediglich die Zuständigkeit für die Schöpfung von elektronischem Geld. Die SNB wird durch die Vollgeld-Initiative zu keinen Handlungen gezwungen, die dem „Gesamtinteresse der Schweiz" und der „Preisstabilität" widersprechen. Die SNB legt in ihrer Geldpolitik selbst fest, wie viel Geld sie schuldfrei auszahlt, sie kann die schuldfreie Auszahlung den Umständen entsprechend auch auf ein Minimum reduzieren oder zeitweise ganz aussetzen. Die Handlungsmöglichkeiten der SNB werden durch die Vollgeld-Initiative erweitert und ihre Unabhängigkeit wird sogar noch gestärkt.

Also viel Lärm um Nichts! Es geht nicht mehr um die Fakten, die Realität, sondern diese wird so verdreht, wie es den entsprechenden Menschen und Institutionen in den Kram passt. Wir haben aber die Hoffnung noch nicht aufgegeben, dass die Gegner der Vollgeld-Initiative doch noch den Verfassungstext der Initiative, über den abgestimmt wird, genauer lesen. Dann würde sich der Stress, den sie haben, entspannen und in Nichts auflösen.

Wer mehr dazu wissen will, findet hier alle Stellungnahmen zur Kritik an der Vollgeld-Initiative: www.vollgeld-initiative.ch/stellungnahmen)

Welche Probleme löst Vollgeld nicht?

Wir haben in diesem Buch die Vorteile des Vollgeldes herausgearbeitet. Doch wir wollen keinen falschen Eindruck erwecken: Vollgeld ist gut, aber in den Himmel kommen wir damit noch lange nicht. Auch nach der Vollgeld-Einführung muss unser Geldsystem noch in vielen Punkten weiterentwickelt werden. Wir stellen uns nun einigen offenen Fragen.

Spekulation: Auch wenn Vollgeld die Spekulation mit Aktien, Immobilien, Derivaten, Währungen und Rohstoffen einschränkt, so ist sie weiterhin möglich ebenso wie Finanzblasen. In Maßen schadet Spekulation auch nicht sehr, solange sie gesamtwirtschaftlich nicht ausarten kann und kein Sog entsteht. Vermutlich sind aber weitere Gesetze notwendig, um die Balance zwischen Realwirtschaft und Finanzwirtschaft wiederherzustellen. Zum Beispiel könnten Derivate auf Währungen, Rohstoffe, Kredite und insbesondere auf Nahrungsmittel verboten werden, wenn diese nicht der Absicherung von realwirtschaftlichen Geschäften dienen. Auch der Hochfrequenz-Aktienhandel könnte stark eingeschränkt werden. Die Spekulation mit Grund und Boden könnte gedämpft werden durch eine Bodenwertsteuer oder indem der Staat und die Gemeinden Grundstücke nur noch in Erbbaurecht (in der Schweiz: Baurecht) vergeben.

Fehlende direkte Demokratie bei öffentlichen Finanzen: Zur Kontrolle der öffentlichen Ausgaben und Einnahmen fehlen in allen Euro-Staaten direkte Beteiligungsrechte. Wenn es ums Geld geht, wollen die Parteien unter sich bleiben und die Bürger ausschließen. Stattdessen sollten die Euro-Staaten besser die Schweizer Demokratie zum Vorbild nehmen, wo per Volksentscheid direkt auf die öffentlichen Finanzen Einfluss genommen werden kann.

Fehlender Währungsausgleich zwischen den Euro-Staaten: Durch den gemeinsamen Euro wurde der Ausgleich der Volkswirtschaften durch Wechselkursänderungen, unterschiedliche Zinssätze und Inflationsraten abgeschafft, ohne wirkungsvolle Alternativen zu etablieren. Die finanziellen Spannungen innerhalb der Euro-Zone nahmen deshalb stark zu. Es gibt zu große Handelsbilanzdefizite und -überschüsse. Auch Vollgeld würde dies nicht ändern, um dieses Problem geldpolitisch zu lösen, könnten schwache Euro-Staaten eine staatlich herausgegebene Komplementärwährung einführen (www.eurorettung.org) oder der Euro könnte insgesamt zu einer „Clearingunion" weiterentwickelt werden, so wie es John Maynard Keynes auf der Bretton-Woods-Konferenz 1944 vorgeschlagen hat, und Mechanismen enthält, um Handelsbilanzunterschiede auszugleichen.

Fehlender weltweiter Währungsausgleich: Dasselbe gilt auch weltweit, hier fehlt eine Geldordnung, die zum Ausgleich der Handelsüberschüsse und -defizite führt. Stattdessen häufen vor allem die USA seit Jahrzehnten ein schwindelerregendes Handelsdefizit an und lassen sich so von anderen Staaten versorgen, ohne ausreichende Gegenleistungen zu erbringen. Das kann auf Dauer nicht gutgehen.

Diese Aufzählung ist natürlich unvollständig, jedes Thema ist komplex und kann unterschiedlich gesehen werden. Es geht uns jetzt nur darum, dass man neben den großen Vorteilen des Vollgeldes auch dessen Grenzen sieht.

Geld & Demokratie: Vollgeld braucht Gewaltenteilung

Viele Menschen haben den Eindruck, dass nicht mehr die demokratischen Organe unser gesellschaftliches Schicksal steuern, sondern die Finanzmärkte und die Banken. Sie fühlen sich diesen Institutionen, die ihr wirtschaftliches Leben bestimmen und die sie noch nicht einmal gewählt haben, ausgeliefert. Dies liegt daran, dass unser heutiges Bankengeldsystem die Demokratie schlichtweg aushebelt.

Daran sind wir auch selbst schuld. Wir haben unser Geldsystem dem Wildwuchs überlassen. Wir haben die Geldschöpfung den Banken in die Hände gegeben, die privatwirtschaftliche Einzelinteressen verfolgen müssen und eben nicht als demokratische Staatsorgane dem Gesamtwohl verpflichtet sind. Bislang gab es keine öffentliche Diskussion und demokratische Entscheidung über unser heutiges Geldsystem. Dabei beeinflusst es alles.

Geld gehört zur Demokratie, denn Geld ist soziale Steuerung. Die Gesetze sind die Grobsteuerung der Gesellschaft, die Feinsteuerung findet auch über die Geldflüsse statt. Deshalb braucht das Geld einen demokratisch legitimierten Rahmen. Wir haben die Chance, uns zu entscheiden! Die Demokratisierung des Geldes steht an. Früher ging es mehr um die Menschenrechte, die Medienfreiheit, den Parlamentarismus, das allgemeine Wahlrecht, das Frauenwahlrecht, die Volksrechte. Heute muss die Demokratisierung des Geldes zentrales Thema sein.

Früher war Geld durch Gold gedeckt. Das diente der Beschränkung der Macht der Herrscher und sorgte für ein stabiles Geldsystem. Heute wird das Geld durch Vertrauen gedeckt. Wir bedrucken Zettel mit Ziffern und vertrauen darauf, dass wir einen Gegenwert bekommen. Weil wir dies so vereinbart haben. Wenn wir die Spielregeln des Geldes bewusst und demokratisch vereinbaren, entsteht dadurch noch mehr Vertrauen und unser Geld bekommt noch mehr „Demokratiedeckung"! Die Herstellung eines für alle gültigen Geldes gehört zum Kernbereich der Demokratie. Mit der Vollgeld-Reform holen wir das Geld zurück in den Bereich der Demokratie.

Die Geldherstellung soll ein neuer Pfeiler der Gewaltenteilung unseres demokratischen Staates werden. Wer Macht (Gewalt) besitzt, ist immer fähig und in der Lage diese zu missbrauchen. Den politischen Machtmissbrauch und die Konzentration der Macht soll die Gewaltenteilung verhindern. Montesquieu ersann 1748 die Teilung der Macht und schuf ein System aus drei Gewalten, die sich gegenseitig im Zaum hielten: die Gesetzgebung (Legislative), Regierung (Exekutive), Rechtsprechung (Judikative) ergänzt durch Föderalismus und kommunale Selbstverwaltung.

Heute gibt es neue, unglaublich starke Gewalten, die im 18. Jahrhundert noch gar nicht existierten, z. B. globale, transnationale Konzerne, die Finanzmärkte und das Bankensystem. Wir brauchen heute eine weitere Teilung dieser kaum kontrollierten Mächte. Ein entscheidender Beitrag hierzu ist, den privaten Banken das Recht der Geldschöpfung zu entziehen und dieses der staatlichen Zentralbank als ausschließliches Recht zu übertragen. Sie wird zur vierten staatlichen Gewalt, zur „Monetative". Sie ist in ihrem Handeln unabhängig und nur dem Gesetz verpflichtet wie die Gerichte, aber auch rechenschaftspflichtig gegenüber Parlament und Öffentlichkeit.

Die Zukunft unserer Gesellschaft existiert noch nicht, sie entsteht erst, sie wächst aus den Taten der Menschen.

Jede Tat verändert etwas. Auch die Tat, dass Sie jetzt dieses Buch bis an diese Stelle gelesen haben, bewirkt etwas. Vermutlich haben Sie jetzt andere Gedanken und Gefühle zum Geld und zum heutigen Geldsystem. Vielleicht sprechen Sie mit anderen Menschen darüber. Vielleicht haben Sie den Wunsch und den Willen, etwas für die Einführung des Vollgeldes zu tun.

Anhang

Anmerkungen

(1) http://blog.postwachstum.de/die-vollgeldreform-ein-wichtiger-schritt-in-die-postwachstumsokonomie-20130317

(2) Bundesverband Deutscher Banken: Statistik Service, Umsätze bargeldloser Zahlungsverkehr, 2009

(3) Deutsche Bundesbank: Münzgeldentwicklung in Deutschland, 2003, S. 113

(4) Huber, Joseph: Monetäre Modernisierung, S. 87 ff.

(5) Die Studie "Making money from making money – Seigniorage in the modern economy" wurde von der New Economics Foundation und der CBS Copenhagen Business School veröffentlicht. Die Studie untersucht anhand öffentlich zugänglicher Daten die ungerechtfertigten Profite aus der Geldschöpfung (Seigniorage) von Banken in den vier Ländern England, Dänemark, Island und der Schweiz. http://neweconomics.org/2017/01/making-money-making-money/

(6) www.vollgeld.info/fileadmin/media/Vollgeld_Online_Ergaenzungsbuch/Tabelle_Auswirkungen_Vollgeldreform_auf_Staatshaushalte.pdf

(7) http://www.spiegel.de/politik/ausland/welternaehrungsgipfel-1200-milliarden-fuer-ruestung-keine-30-milliarden-gegen-hunger-a-557545.html

(8) Deutsche Bundesbank: Geld und Geldpolitik, Stand: Herbst 2010, S. 68

(9) Deutsche Bundesbank: Geld und Geldpolitik, Stand: Herbst 2010, S. 71

(10) Huber, Joseph: Monetäre Modernisierung, S. 15 f.

(11) Auf www.bundesbank.de findet man die Zahlen für das Basisgeld in der Zeitreihe BBK01.AU1724, zur Geldmenge M1 in der Zeitreihe BBK01.TUE301.

(12) siehe dazu den Aufsatz „Warum können einzelne Euro-Länder Vollgeld auch ohne Änderung des EU-Rechtes einführen?" auf www.vollgeld.info

(13) Der Verfassungstext der Vollgeld-Initiative ist auf www.vollgeld-initative.ch ausführlich erläutert.

(14) Jackson, Andrew und Dyson, Ben: Modernising Money, S. 181

(15) Huber, Joseph: Monetäre Modernisierung, S. 143

(16) Schweizerische Nationalbank: Die Banken in der Schweiz, Ausgabe 2012, Seite A 20

(17) Mayer, Thomas: Anteil verschiedener Bankengruppen an der Geldschöpfung, www.vollgeld-initiative.ch/vorteile-fuer-banken/

(18) http://www.vollgeld.info/fileadmin/media/Vollgeld_Online_Ergaenzungsbuch/Tabelle_Geldmengenwachstum_und_Wirtschaftswachstum.pdf

(19) Huber, Joseph: Monetäre Modernisierung, S. 74

(20) Robertson, James: Future Money, S. 108

(21) Benes, Jaromir and Kumhof, Michael: The Chicago Plan Revisited IMF, Working Paper, WP/12/202

(22) Talanx fühlt sich nur bei der Bundesbank sicher, 20.1.2010, FAZ

(23) Kein Bundesbankkonto für Talanx, 11.2.2010, Handelsblatt

(24) Konzerne flüchten in die Arme der EZB, 30.09.2011, Wirtschaftswoche

(25) Haldane, Andrew G.: The dog and the frisbee

(26) OECD-Pressemitteilung vom 5.12.2011: Einkommensungleichheit, www.oecd.org/berlin/publikationen/dividedwestand-whyinequalitykeepsrising.htm

(27) Huber, Joseph: Monetäre Modernisierung, S. 83 f.

(28) Paech, Niko: Befreiung vom Überfluss, sowie www.postwachstum.de und www.postwachstumsoekonomie.org

(29) Robertson, James: Future Money, S. 68

(30) Senf, Bernd: Der Nebel um das Geld, S. 160 f

(31) Gablers Wirtschaftslexikon, Band L-O, Wiesbaden 2005.

(32) Rolf Gocht: Kritische Betrachtungen zur nationalen und internationalen Geldordnung, S. 16

(33) Prof. Dr. Mark Joób: Warum eine Geldreform dringend notwendig ist, 2013, www.vollgeld.ch

Weitere Informationen

Online-Ergänzungsbuch: *www.vollgeld.info*

Volksinitiative in der Schweiz: *www.vollgeld-initiative.ch*

Website für neue Currency Theorie und Geldreform von Prof. Joseph Huber: www.vollgeld.de:

Verein für Vollgeld in Deutschland: www.monetative.de

Initiative für Vollgeld in Großbritannien: www.positivemoney.org

Internationales Netzwerk der Vollgeld-Initiativen:

www.internationalmoneyreform.org: